Les Commerciaux

TOME 2

LES DESSOUS DE LA VENTE

Dessins :
Radôche

Scénario :
Arnaud Plumeri & Séverine Boitelle

Couleurs :
Benoît Bekaert
en collaboration avec **Maëla Cosson**

BAMBOO ÉDITION

www.bamboo.fr

116, rue des Jonchères - BP 3
71012 CHARNAY-LÈS-MÂCON cedex
Tél. : 03 85 34 99 09 - Fax : 03 85 34 47 55
Site Web : www.bamboo.fr
E-mail : bamboo@bamboo.fr

PREMIÈRE ÉDITION
Dépôt légal : mai 2005
ISBN 2-915309-17-5

Imprimé en France en avril 2005
Printed in France

CARTE de FIDÉLITÉ

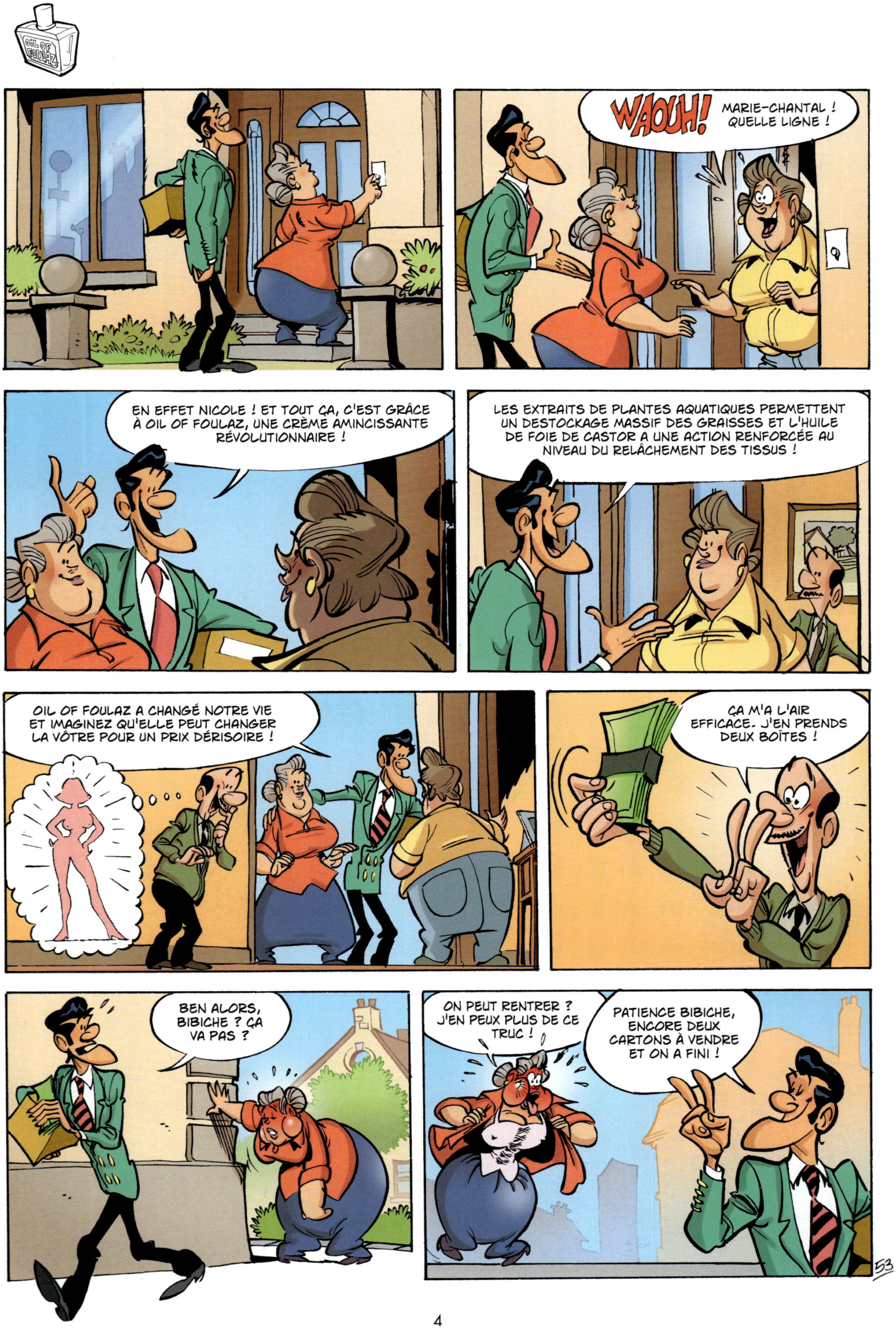
OIL OF FOULAZ
WAOUH!
MARIE-CHANTAL ! QUELLE LIGNE !
EN EFFET NICOLE ! ET TOUT ÇA, C'EST GRÂCE À OIL OF FOULAZ, UNE CRÈME AMINCISSANTE RÉVOLUTIONNAIRE !
LES EXTRAITS DE PLANTES AQUATIQUES PERMETTENT UN DESTOCKAGE MASSIF DES GRAISSES ET L'HUILE DE FOIE DE CASTOR A UNE ACTION RENFORCÉE AU NIVEAU DU RELÂCHEMENT DES TISSUS !
OIL OF FOULAZ A CHANGÉ NOTRE VIE ET IMAGINEZ QU'ELLE PEUT CHANGER LA VÔTRE POUR UN PRIX DÉRISOIRE !
ÇA M'A L'AIR EFFICACE. J'EN PRENDS DEUX BOÎTES !
BEN ALORS, BIBICHE ? ÇA VA PAS ?
ON PEUT RENTRER ? J'EN PEUX PLUS DE CE TRUC !
PATIENCE BIBICHE, ENCORE DEUX CARTONS À VENDRE ET ON A FINI !
53

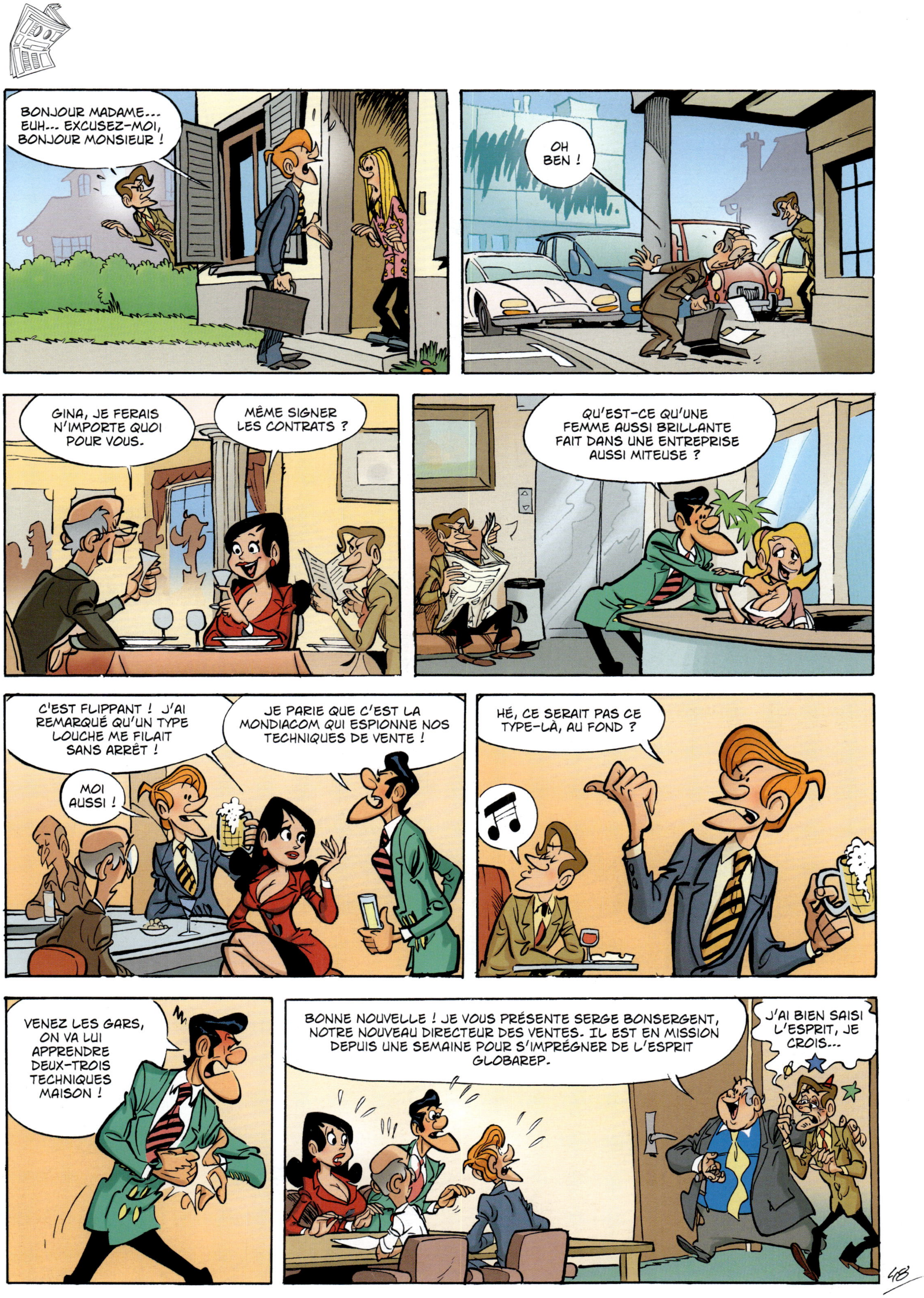
BONJOUR MADAME... EUH... EXCUSEZ-MOI, BONJOUR MONSIEUR !
OH BEN !
GINA, JE FERAIS N'IMPORTE QUOI POUR VOUS.
MÊME SIGNER LES CONTRATS ?
QU'EST-CE QU'UNE FEMME AUSSI BRILLANTE FAIT DANS UNE ENTREPRISE AUSSI MITEUSE ?
C'EST FLIPPANT ! J'AI REMARQUÉ QU'UN TYPE LOUCHE ME FILAIT SANS ARRÊT !
MOI AUSSI !
JE PARIE QUE C'EST LA MONDIACOM QUI ESPIONNE NOS TECHNIQUES DE VENTE !
HÉ, CE SERAIT PAS CE TYPE-LÀ, AU FOND ?
VENEZ LES GARS, ON VA LUI APPRENDRE DEUX-TROIS TECHNIQUES MAISON !
BONNE NOUVELLE ! JE VOUS PRÉSENTE SERGE BONSERGENT, NOTRE NOUVEAU DIRECTEUR DES VENTES. IL EST EN MISSION DEPUIS UNE SEMAINE POUR S'IMPRÉGNER DE L'ESPRIT GLOBAREP.
J'AI BIEN SAISI L'ESPRIT, JE CROIS...

EN CES TEMPS DE TROUBLES ET D'INCERTITUDES, UNE ENTREPRISE COMME LA GLOBAREP DOIT CONSTRUIRE SON SUCCÈS SUR DES ÉLÉMENTS DE VALEUR...
CES ÉLÉMENTS DE VALEUR, C'EST VOUS, LES COMMERCIAUX !
VOUS ÊTES L'ÂME DE LA GLOBAREP, SON IMAGE DE MARQUE !
SI J'AI REJOINT LA GLOBAREP, C'EST POUR TRAVAILLER AVEC LES MEILLEURS COMMERCIAUX DU PAYS...
PLUS QU'UN CHEF, JE SERAI POUR VOUS UN COLLÈGUE. PLUS QU'UN COLLÈGUE, JE SERAI POUR VOUS UN AMI !
VIVE LA VENTE ! VIVE LA GLOBAREP !
NON, C'EST TROP DUR, JE NE POURRAI JAMAIS DIRE ÇA À DES BRÊLES PAREILLES !

JE PEUX VOUS AIDER MONSIEUR GRANGIER ?
VOUS SAVEZ QUEL JOUR ON EST ?
AUJOURD'HUI, C'EST LA FÊTE DES SECRÉTAIRES !
BONNE FÊTE À VOUS, MA CHÈRE !
OUI C'EST ÇA, MERCI.
ET POUR MARQUER CE JOUR, JE VOUS AI ACHETÉ UN PETIT CADEAU !
OH, MERCI ! MAIS IL NE FALLAIT PAS...
UNE MACHINE À EXPRESSO ?! C'EST TRÈS GENTIL...
EH OUI, COMME ÇA VOUS POURREZ M'APPORTER MON PETIT CAFÉ TOUS LES MATINS !
62

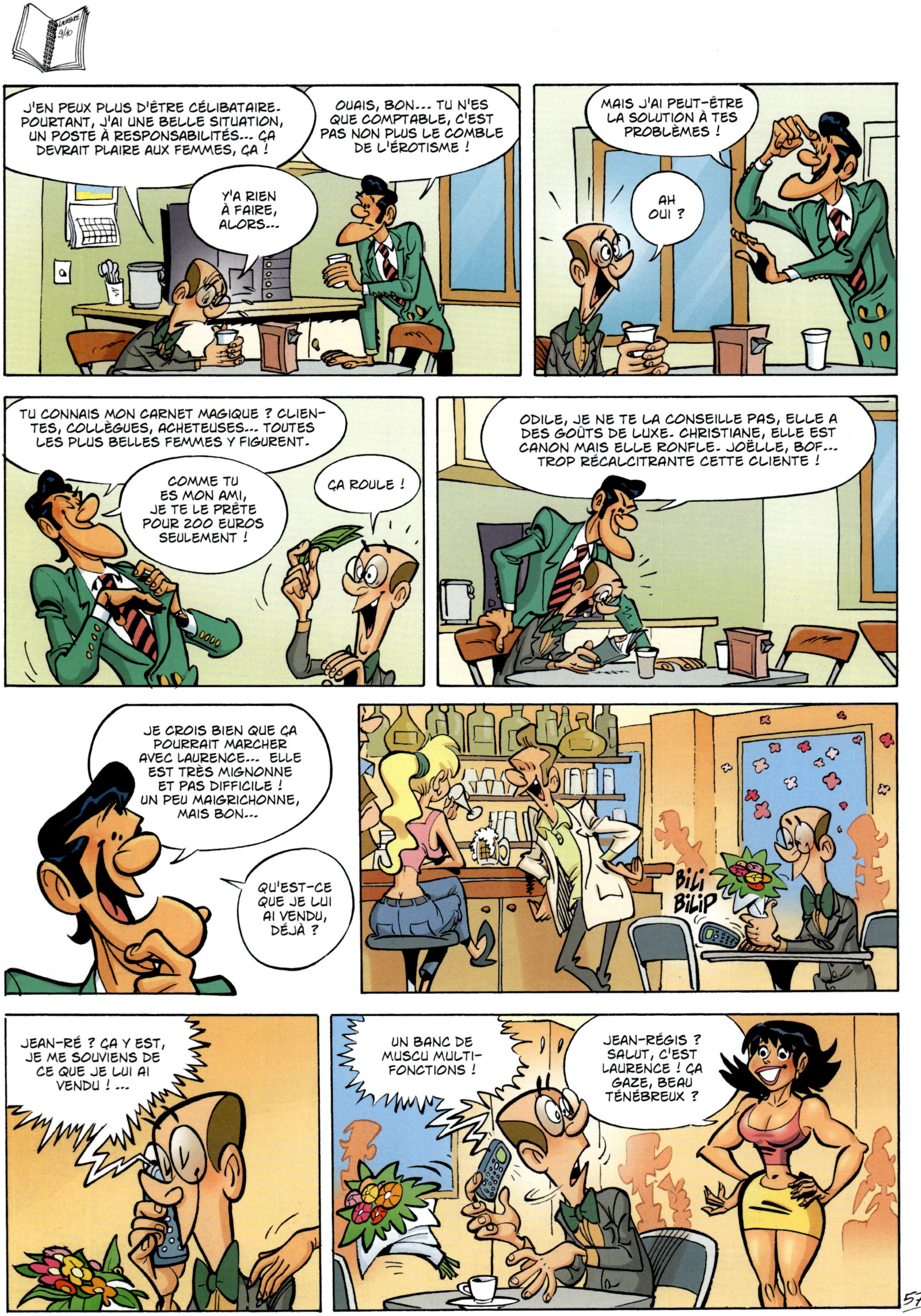
LAURENCE 9/10
J'EN PEUX PLUS D'ÊTRE CÉLIBATAIRE. POURTANT, J'AI UNE BELLE SITUATION, UN POSTE À RESPONSABILITÉS... ÇA DEVRAIT PLAIRE AUX FEMMES, ÇA !
OUAIS, BON... TU N'ES QUE COMPTABLE, C'EST PAS NON PLUS LE COMBLE DE L'ÉROTISME !
Y'A RIEN À FAIRE, ALORS...
MAIS J'AI PEUT-ÊTRE LA SOLUTION À TES PROBLÈMES !
AH OUI ?
TU CONNAIS MON CARNET MAGIQUE ? CLIENTES, COLLÈGUES, ACHETEUSES... TOUTES LES PLUS BELLES FEMMES Y FIGURENT.
COMME TU ES MON AMI, JE TE LE PRÊTE POUR 200 EUROS SEULEMENT !
ÇA ROULE !
ODILE, JE NE TE LA CONSEILLE PAS, ELLE A DES GOÛTS DE LUXE. CHRISTIANE, ELLE EST CANON MAIS ELLE RONFLE. JOËLLE, BOF... TROP RÉCALCITRANTE CETTE CLIENTE !
JE CROIS BIEN QUE ÇA POURRAIT MARCHER AVEC LAURENCE... ELLE EST TRÈS MIGNONNE ET PAS DIFFICILE ! UN PEU MAIGRICHONNE, MAIS BON...
QU'EST-CE QUE JE LUI AI VENDU, DÉJÀ ?
BILI BILIP
JEAN-RÉ ? ÇA Y EST, JE ME SOUVIENS DE CE QUE JE LUI AI VENDU ! ...
UN BANC DE MUSCU MULTI-FONCTIONS !
JEAN-RÉGIS ? SALUT, C'EST LAURENCE ! ÇA GAZE, BEAU TÉNÉBREUX ?
57

ALORS, T'AS VENDU AUJOURD'HUI ?
OUI MAIS NON... PARCE QUE LÀ, EUH, J'ATTENDS UNE RÉPONSE DE MONSIEUR KODBAR DE HYPERMARCHEAP...
ET T'AS D'AUTRES PISTES ?
BEN... NORMALEMENT... EUH...
BON, T'AS RIEN VENDU, C'EST ÇA ? EH BIEN TU PRENDS TES AFFAIRES ET TU VAS LE CHERCHER, LE CLIENT ! ET TANT QUE T'AS RIEN VENDU, TU REMETS PAS LES PIEDS ICI !!!
HIN HIN HIN !
HIN HIN HIN !
ÇA VOUS FAIT RIRE ? VOUS NON PLUS, CE N'EST PAS BRILLANT ! DÉGUERPISSEZ ET REVENEZ AVEC DE GROS CONTRATS !
DITES, ÇA FAIT 3 SEMAINES QU'ON N'A PAS VU LES COMMERCIAUX ICI... Z'ÊTES SÛR QUE C'EST BON SIGNE ?
51

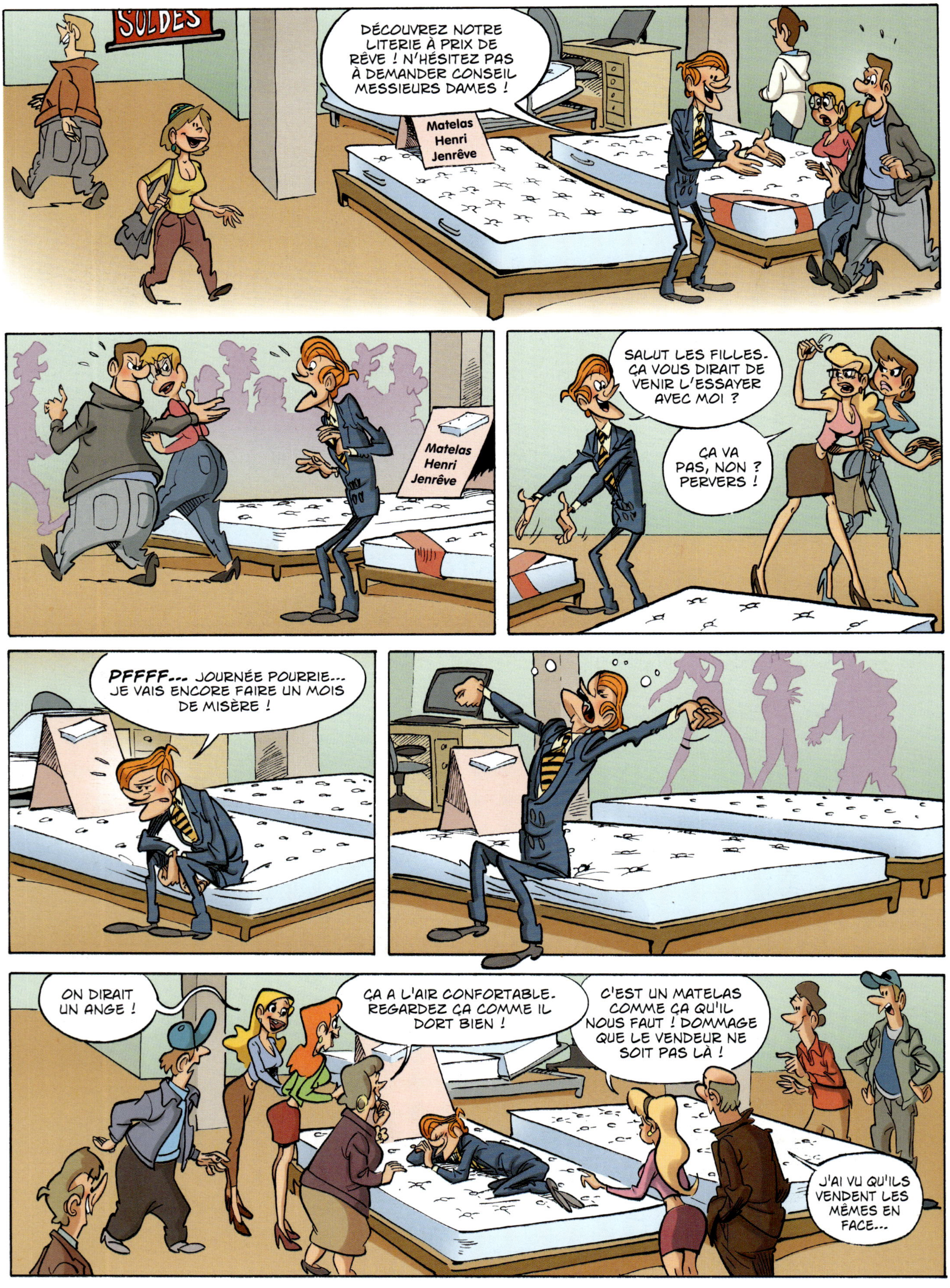
DÉCOUVREZ NOTRE LITERIE À PRIX DE RÊVE ! N'HÉSITEZ PAS À DEMANDER CONSEIL MESSIEURS DAMES !
SOLDES
Matelas Henri Jenrêve
Matelas Henri Jenrêve
SALUT LES FILLES. ÇA VOUS DIRAIT DE VENIR L'ESSAYER AVEC MOI ?
ÇA VA PAS, NON ? PERVERS !
PFFFF... JOURNÉE POURRIE... JE VAIS ENCORE FAIRE UN MOIS DE MISÈRE !
ON DIRAIT UN ANGE !
ÇA A L'AIR CONFORTABLE. REGARDEZ ÇA COMME IL DORT BIEN !
C'EST UN MATELAS COMME ÇA QU'IL NOUS FAUT ! DOMMAGE QUE LE VENDEUR NE SOIT PAS LÀ !
J'AI VU QU'ILS VENDENT LES MÊMES EN FACE...

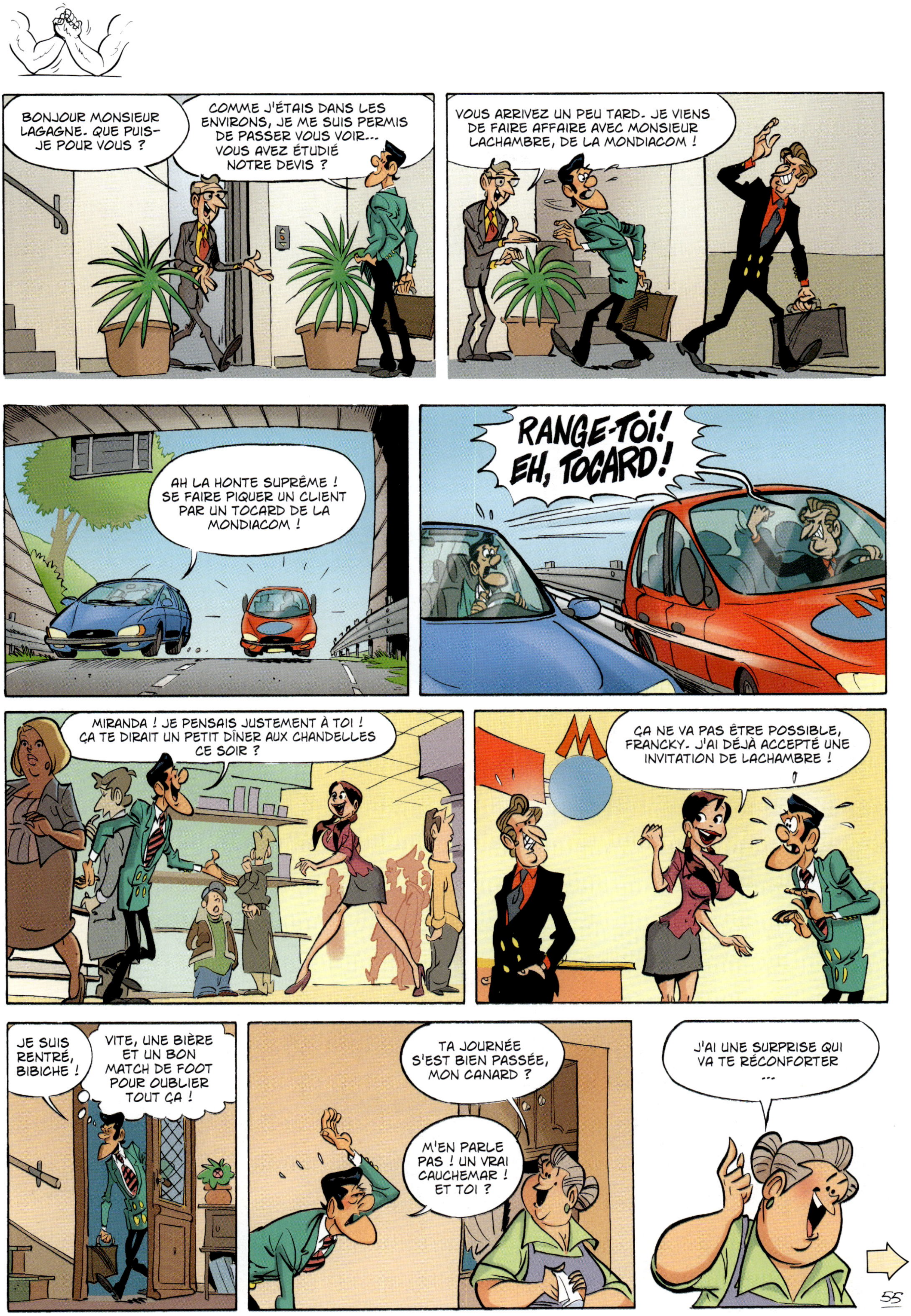
BONJOUR MONSIEUR LAGAGNE. QUE PUIS-JE POUR VOUS ?
COMME J'ÉTAIS DANS LES ENVIRONS, JE ME SUIS PERMIS DE PASSER VOUS VOIR... VOUS AVEZ ÉTUDIÉ NOTRE DEVIS ?
VOUS ARRIVEZ UN PEU TARD. JE VIENS DE FAIRE AFFAIRE AVEC MONSIEUR LACHAMBRE, DE LA MONDIACOM !
AH LA HONTE SUPRÊME ! SE FAIRE PIQUER UN CLIENT PAR UN TOCARD DE LA MONDIACOM !
RANGE-TOI! EH, TOCARD!
MIRANDA ! JE PENSAIS JUSTEMENT À TOI ! ÇA TE DIRAIT UN PETIT DÎNER AUX CHANDELLES CE SOIR ?
ÇA NE VA PAS ÊTRE POSSIBLE, FRANCKY. J'AI DÉJÀ ACCEPTÉ UNE INVITATION DE LACHAMBRE !
JE SUIS RENTRÉ, BIBICHE !
VITE, UNE BIÈRE ET UN BON MATCH DE FOOT POUR OUBLIER TOUT ÇA !
TA JOURNÉE S'EST BIEN PASSÉE, MON CANARD ?
M'EN PARLE PAS ! UN VRAI CAUCHEMAR ! ET TOI ?
J'AI UNE SURPRISE QUI VA TE RÉCONFORTER ...
55

J'AI FAIT UNE SUPER AFFAIRE AVEC MONSIEUR LACHAMBRE DE LA MONDIACOM... TU VAS POUVOIR REGARDER TON MATCH SUR **ÉCRAN GÉANT !**
LA MONDIACOM VOUS EN MET PLEIN LA VUE !
55

ATTENDEZ, JE...
CLIC
QU'EST-CE QUI T'ARRIVE ? C'EST PAS LA JOIE, ON DIRAIT.
C'EST LA SECRÉTAIRE DE KODBAR. ELLE FAIT BARRAGE. ELLE ME LAISSE PAS PARLER À SON BOSS.
C'EST TOUT ? TU VAS QUAND MÊME PAS TE LAISSER JETER PAR UNE GRELUCHE ! TU VAS SUR PLACE ET TU LUI MONTRES QUI C'EST LA TEIGNE !
OUAIS ! JE SUIS UNE TEIGNE !
JE SUIS UNE TEIGNE !
C'EST QUOI CETTE ATTITUDE DÉTESTABLE ? C'EST QUOI, VOTRE PROBLÈME ? VOUS SAVEZ QUI JE SUIS ?
J'AI DES RELATIONS HAUT PLACÉES ICI. SI VOUS NE VOULEZ PAS AVOIR D'EMBROUILLES, APPELEZ-MOI TOUT DE SUITE MONSIEUR KODBAR !
COMPRIS ?
J'AI PEUT-ÊTRE PAS ÉTÉ ASSEZ FERME...

-50%
-30%
SOLDES
JE L'AI VU LA PREMIÈRE !
-50%
ÇA MARCHE ! ÇA MARCHE !
Soldes
IL EST À MOI ! À MOI !
C'EST LE PLUS BEAU JOUR DE MA VIE !
À MOI !
Soldes
Soldes
C'EST QUOI CETTE CAMELOTE ?
VOUS AVEZ RAISON, ALLONS VOIR AILLEURS !
Soldes
OH ! DES BOTTES À -50% !
47

BZZ, BZZ, ENCEINTE, BZZ...
C'EST VRAI ?! T'ES SÛRE ?
HÉ HÉ ! QUAND LE BOSS VA SAVOIR ÇA...
CHEF ! CHEF ! C'EST LA CATA ! STÉPHANIE EST ENCEINTE, JE L'AI ENTENDUE LE DIRE À GINA !
QUOI ?
PUFF PUFF ...
ELLE VA M'ENTENDRE, CELLE-LÀ !
ALORS LÀ, STÉPHANIE, BRAVO !
PARDON ?
MOI QUI COMPTAIS VOUS AUGMENTER... J'AI BIEN FAIT DE M'ABSTENIR !
TOMBER ENCEINTE, COMME ÇA, ALORS QUE LA GLOBAREP A BESOIN DE VOUS ! VOTRE ATTITUDE EST VRAIMENT IRRESPONSABLE !
MAIS NON, C'EST VOTRE FEMME ! JE L'AI CROISÉE HIER, ELLE EST ENCEINTE, N'EST-CE PAS ?
QU... QUOI ?
POUR MON AUGMENTATION, ÇA MARCHE TOUJOURS ?

59

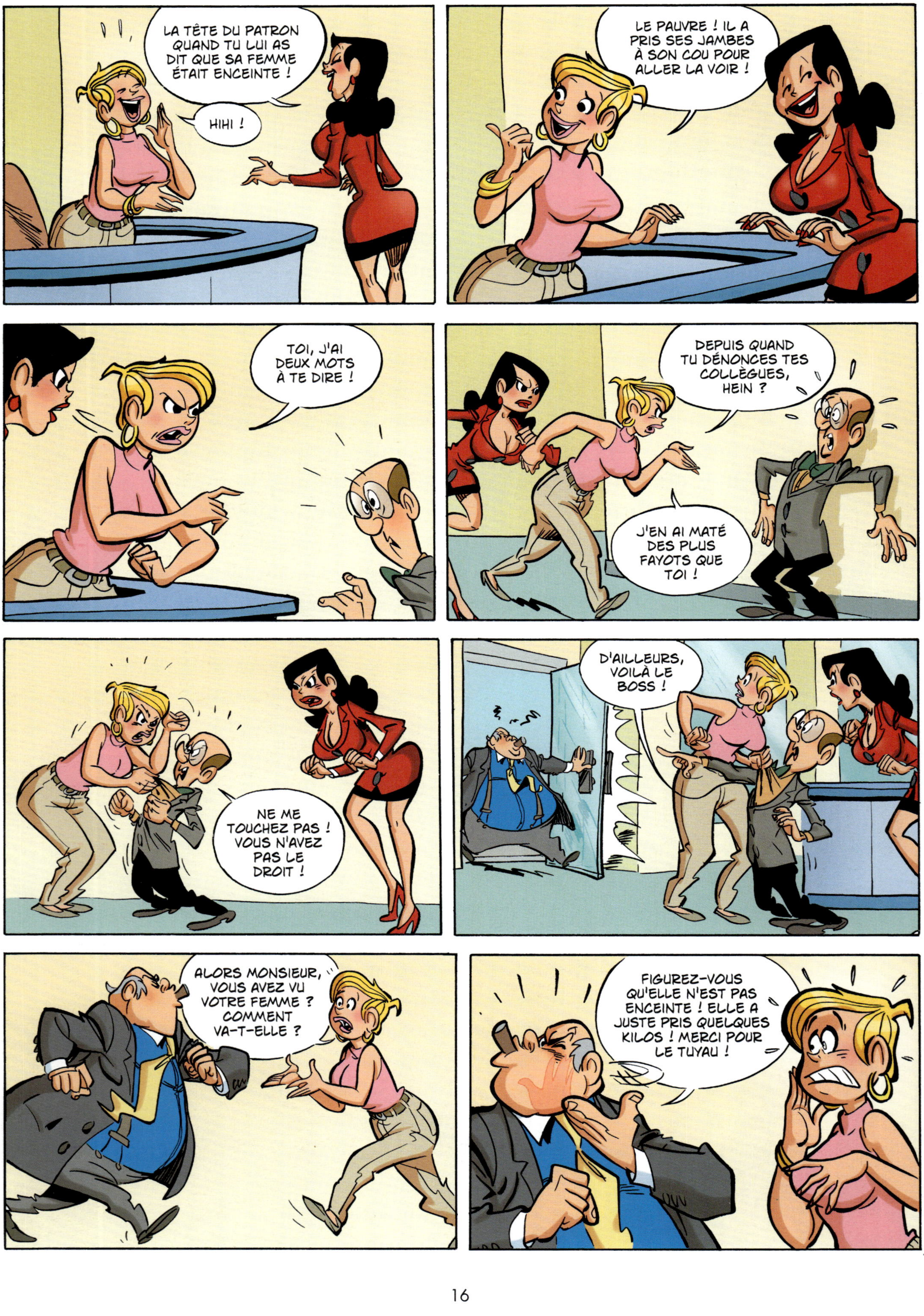
LA TÊTE DU PATRON QUAND TU LUI AS DIT QUE SA FEMME ÉTAIT ENCEINTE !
HIHI !
LE PAUVRE ! IL A PRIS SES JAMBES À SON COU POUR ALLER LA VOIR !
TOI, J'AI DEUX MOTS À TE DIRE !
DEPUIS QUAND TU DÉNONCES TES COLLÈGUES, HEIN ?
J'EN AI MATÉ DES PLUS FAYOTS QUE TOI !
NE ME TOUCHEZ PAS ! VOUS N'AVEZ PAS LE DROIT !
D'AILLEURS, VOILÀ LE BOSS !
ALORS MONSIEUR, VOUS AVEZ VU VOTRE FEMME ? COMMENT VA-T-ELLE ?
FIGUREZ-VOUS QU'ELLE N'EST PAS ENCEINTE ! ELLE A JUSTE PRIS QUELQUES KILOS ! MERCI POUR LE TUYAU !

JE SUIS UN LOVER !
CHÈRE DEMOISELLE, JE CROIS QUE NOUS SOMMES PARTIS DU MAUVAIS PIED L'AUTRE JOUR...
DEPUIS, JE N'ARRÊTE PAS DE PENSER À VOUS ! ÇA VOUS DIRAIT QU'ON SORTE ENSEMBLE CE SOIR ?
ET PUIS VOUS POURRIEZ M'ANNONCER À M'SIEUR KODBAR, QU'EN DITES-VOUS ?
MMM...
KINENVEU, ESPÈCE DE PERVERS ! VOUS N'AVEZ PAS HONTE DE PROFITER D'UNE FAIBLE FEMME ?!
SORTEZ D'ICI, VOUS ME DÉBECTEZ !
HUM ! HUM !

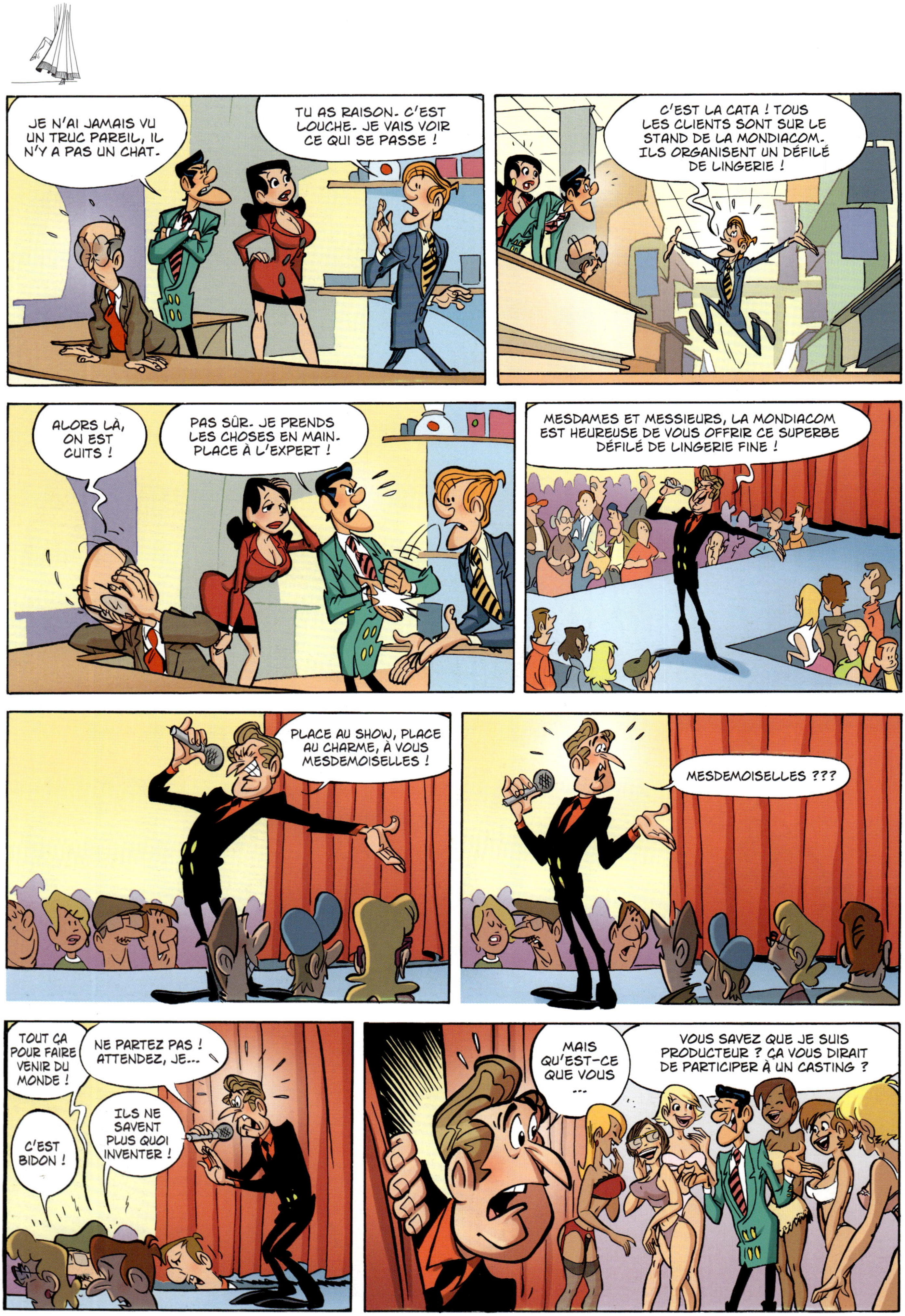
JE N'AI JAMAIS VU UN TRUC PAREIL, IL N'Y A PAS UN CHAT.
TU AS RAISON. C'EST LOUCHE. JE VAIS VOIR CE QUI SE PASSE !
C'EST LA CATA ! TOUS LES CLIENTS SONT SUR LE STAND DE LA MONDIACOM. ILS ORGANISENT UN DÉFILÉ DE LINGERIE !
ALORS LÀ, ON EST CUITS !
PAS SÛR. JE PRENDS LES CHOSES EN MAIN. PLACE À L'EXPERT !
MESDAMES ET MESSIEURS, LA MONDIACOM EST HEUREUSE DE VOUS OFFRIR CE SUPERBE DÉFILÉ DE LINGERIE FINE !
PLACE AU SHOW, PLACE AU CHARME, À VOUS MESDEMOISELLES !
MESDEMOISELLES ???
TOUT ÇA POUR FAIRE VENIR DU MONDE !
NE PARTEZ PAS ! ATTENDEZ, JE...
C'EST BIDON !
ILS NE SAVENT PLUS QUOI INVENTER !
MAIS QU'EST-CE QUE VOUS ...
VOUS SAVEZ QUE JE SUIS PRODUCTEUR ? ÇA VOUS DIRAIT DE PARTICIPER À UN CASTING ?

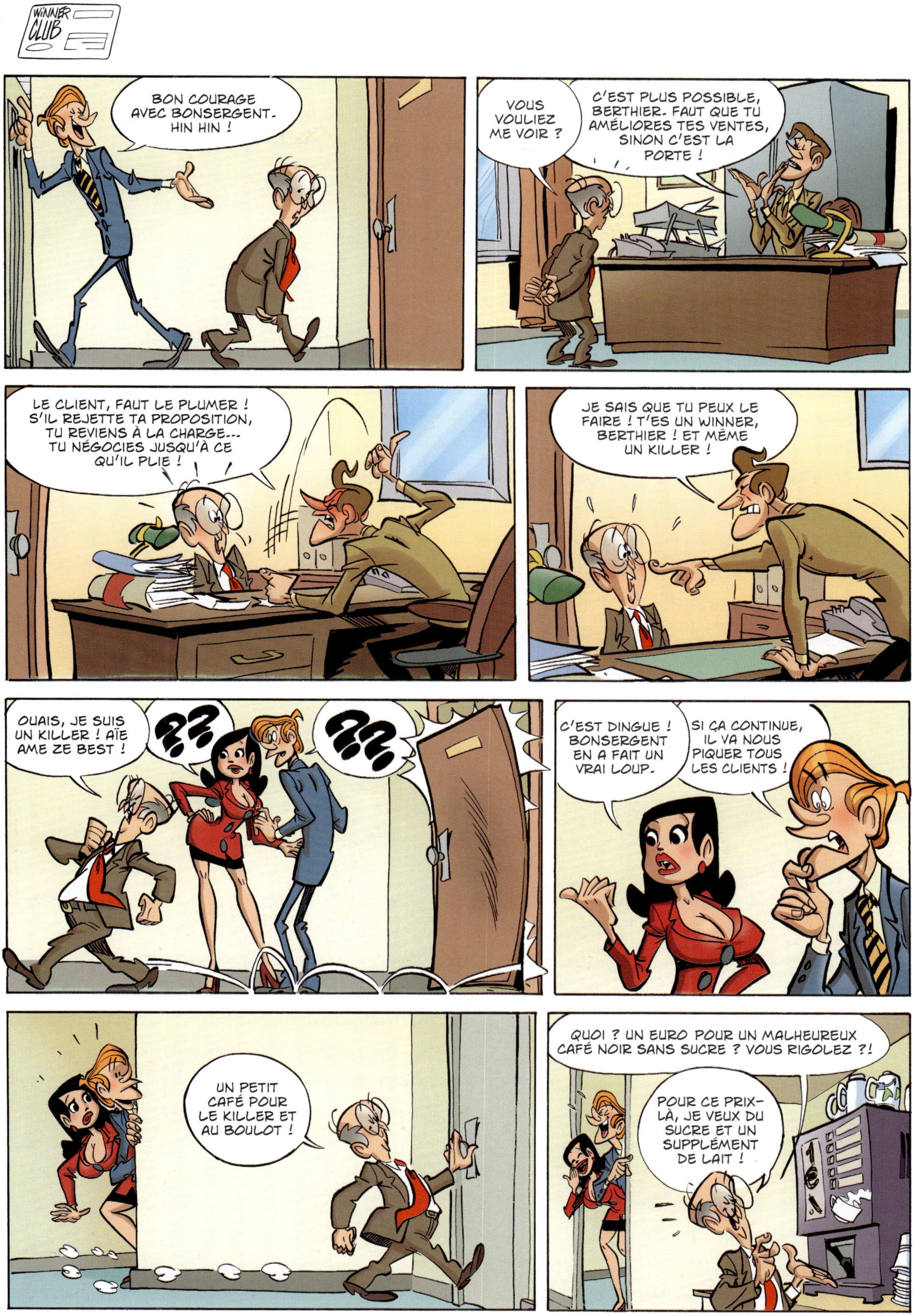
WINNER CLUB
BON COURAGE AVEC BONSERGENT. HIN HIN !
VOUS VOULIEZ ME VOIR ?
C'EST PLUS POSSIBLE, BERTHIER. FAUT QUE TU AMÉLIORES TES VENTES, SINON C'EST LA PORTE !
LE CLIENT, FAUT LE PLUMER ! S'IL REJETTE TA PROPOSITION, TU REVIENS À LA CHARGE... TU NÉGOCIES JUSQU'À CE QU'IL PLIE !
JE SAIS QUE TU PEUX LE FAIRE ! T'ES UN WINNER, BERTHIER ! ET MÊME UN KILLER !
OUAIS, JE SUIS UN KILLER ! AÏE AME ZE BEST !
??
??
C'EST DINGUE ! BONSERGENT EN A FAIT UN VRAI LOUP.
SI ÇA CONTINUE, IL VA NOUS PIQUER TOUS LES CLIENTS !
UN PETIT CAFÉ POUR LE KILLER ET AU BOULOT !
QUOI ? UN EURO POUR UN MALHEUREUX CAFÉ NOIR SANS SUCRE ? VOUS RIGOLEZ ?!
POUR CE PRIX-LÀ, JE VEUX DU SUCRE ET UN SUPPLÉMENT DE LAIT !

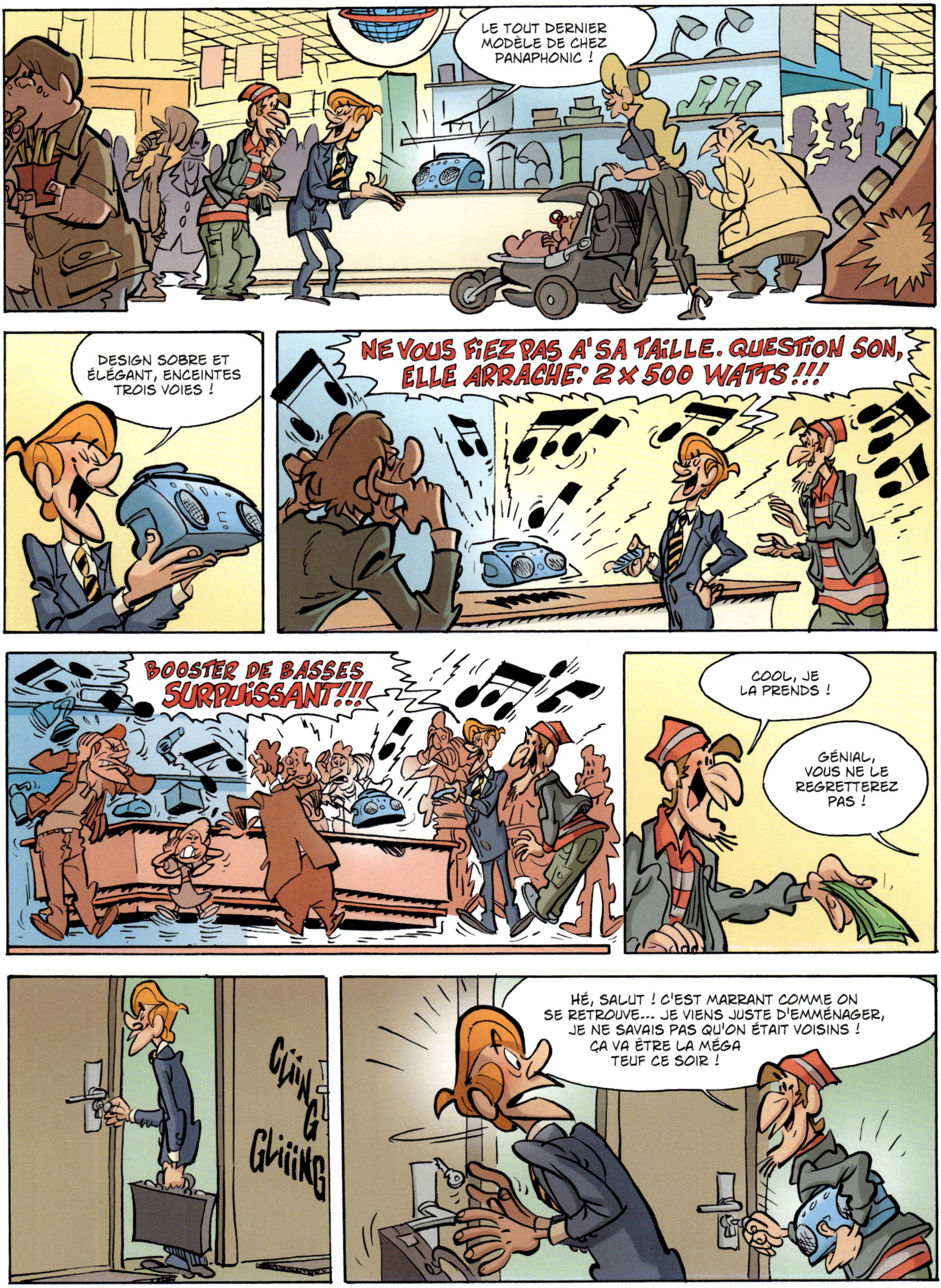
LE TOUT DERNIER MODÈLE DE CHEZ PANAPHONIC !
DESIGN SOBRE ET ÉLÉGANT, ENCEINTES TROIS VOIES !
NE VOUS FIEZ PAS A' SA TAILLE. QUESTION SON, ELLE ARRACHE: 2 x 500 WATTS !!!
BOOSTER DE BASSES SURPUISSANT !!!
COOL, JE LA PRENDS !
GÉNIAL, VOUS NE LE REGRETTEREZ PAS !
GLiiNG
GLiiiNG
HÉ, SALUT ! C'EST MARRANT COMME ON SE RETROUVE... JE VIENS JUSTE D'EMMÉNAGER, JE NE SAVAIS PAS QU'ON ÉTAIT VOISINS ! ÇA VA ÊTRE LA MÉGA TEUF CE SOIR !

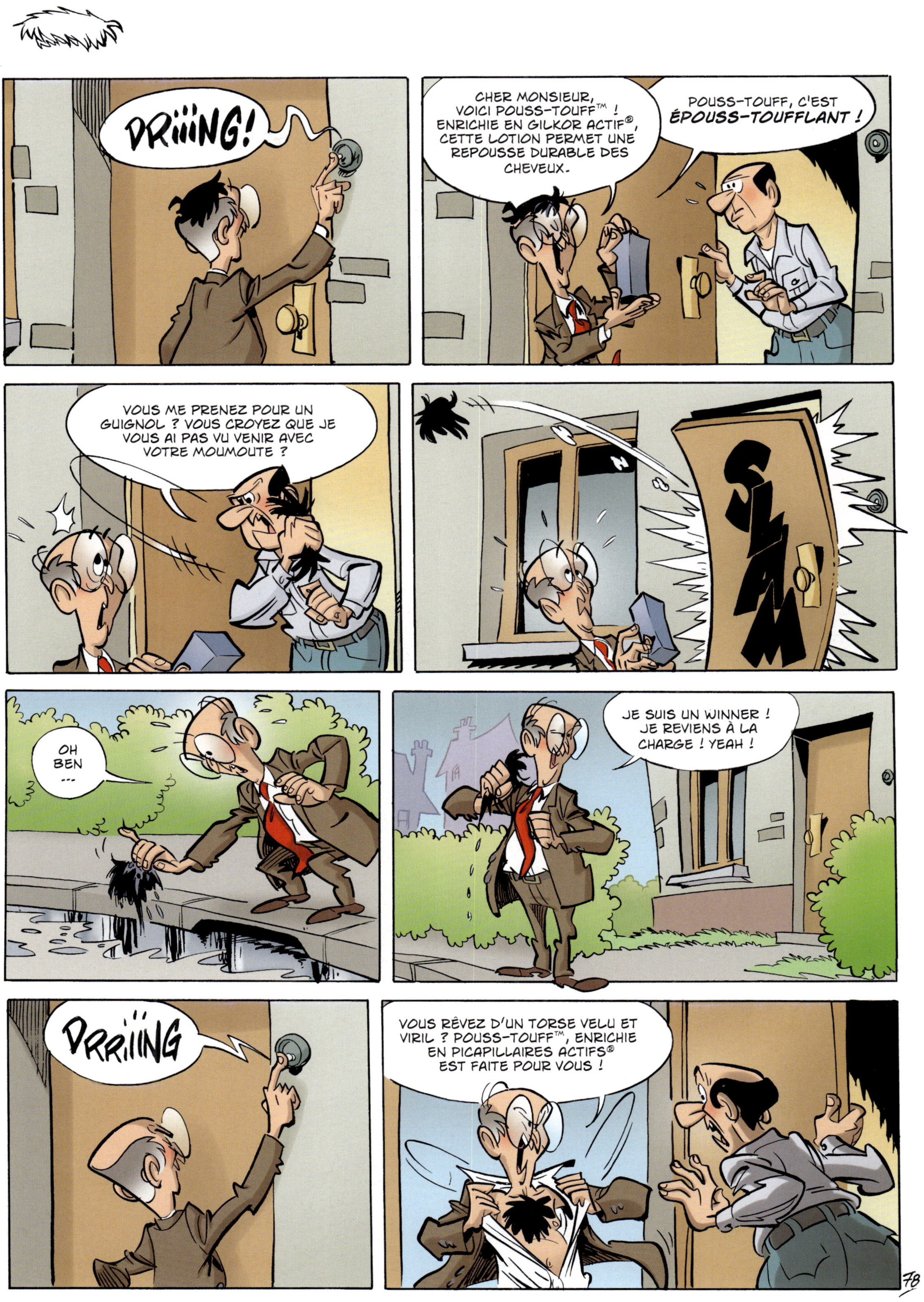
DRiiiNG !
CHER MONSIEUR, VOICI POUSS-TOUFF™ ! ENRICHIE EN GILKOR ACTIF®, CETTE LOTION PERMET UNE REPOUSSE DURABLE DES CHEVEUX.
POUSS-TOUFF, C'EST ÉPOUSS-TOUFFLANT !
VOUS ME PRENEZ POUR UN GUIGNOL ? VOUS CROYEZ QUE JE VOUS AI PAS VU VENIR AVEC VOTRE MOUMOUTE ?
SLAM
OH BEN ...
JE SUIS UN WINNER ! JE REVIENS À LA CHARGE ! YEAH !
DRRiiNG
VOUS RÊVEZ D'UN TORSE VELU ET VIRIL ? POUSS-TOUFF™, ENRICHIE EN PICAPILLAIRES ACTIFS® EST FAITE POUR VOUS !
78

LE COUP D'ENVOI VIENT D'ÊTRE DONNÉ !
ÇA NE VA PAS DU TOUT, ÇA !
ALORS LÀ, ILS VONT M'ENTENDRE !
TRILILI TRILILI
GLOBAREP
On vend tout ce qui s'achète !
MONDIACOM
ALLÔ FRANCKY ? QU'EST-CE QUE VOUS FOUTEZ ? ON NE VOUS REMARQUE PAS !
Y'EN A QUE POUR CES TOCARDS DE LA MONDIACOM !
C'EST PAS ÉVIDENT, ON FAIT CE QU'ON PEUT !
VOUS AVEZ INTÉRÊT À FAIRE MIEUX ! OU VOUS ÊTES VIRÉS !
ALLÔ, BOSS ?
ET COMME ÇA, ON NOUS VOIT MIEUX ?
61

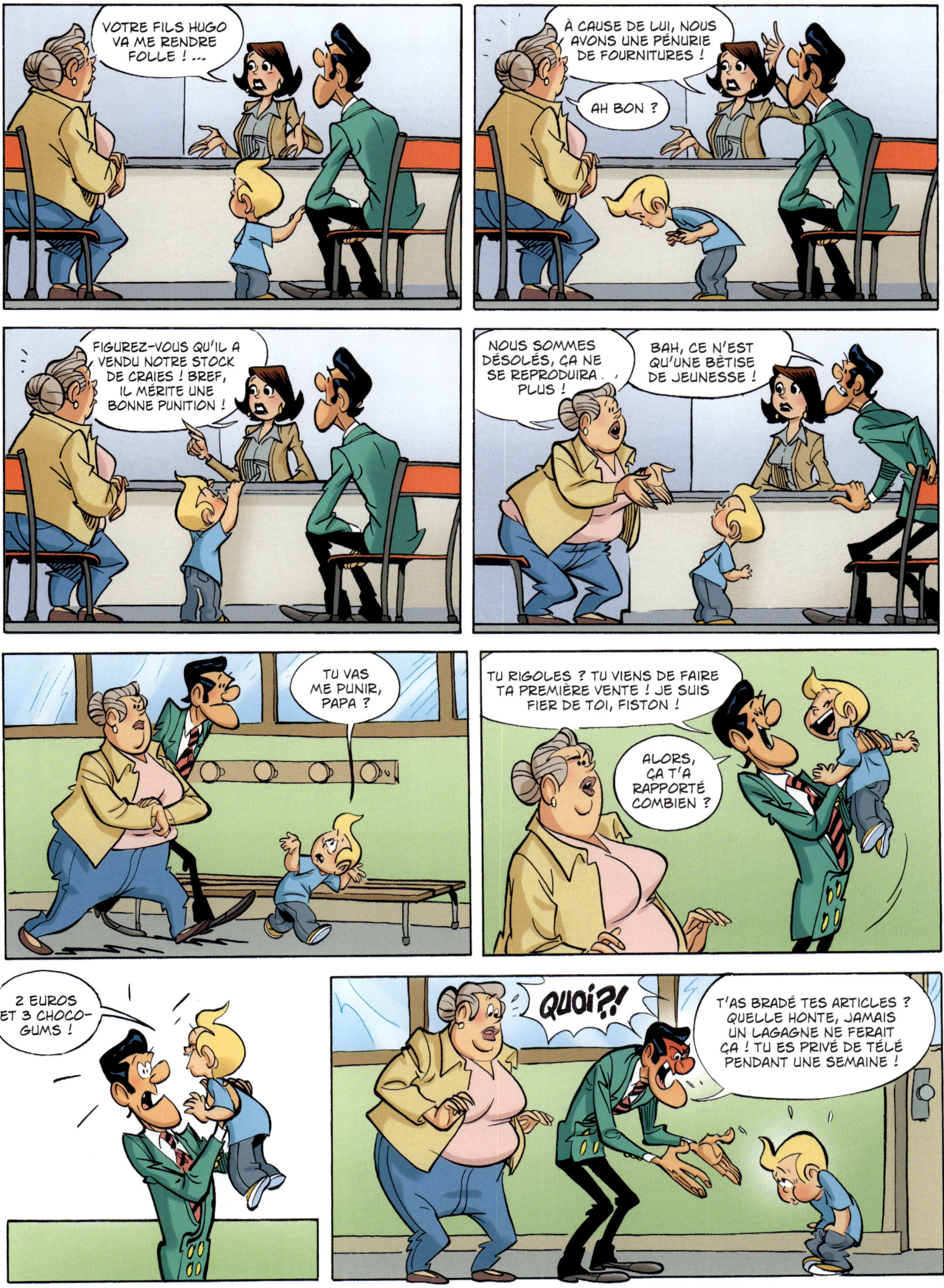
VOTRE FILS HUGO VA ME RENDRE FOLLE ! ...
À CAUSE DE LUI, NOUS AVONS UNE PÉNURIE DE FOURNITURES !
AH BON ?
FIGUREZ-VOUS QU'IL A VENDU NOTRE STOCK DE CRAIES ! BREF, IL MÉRITE UNE BONNE PUNITION !
NOUS SOMMES DÉSOLÉS, ÇA NE SE REPRODUIRA PLUS !
BAH, CE N'EST QU'UNE BÊTISE DE JEUNESSE !
TU VAS ME PUNIR, PAPA ?
TU RIGOLES ? TU VIENS DE FAIRE TA PREMIÈRE VENTE ! JE SUIS FIER DE TOI, FISTON !
ALORS, ÇA T'A RAPPORTÉ COMBIEN ?
2 EUROS ET 3 CHOCO-GUMS !
QUOI?!
T'AS BRADÉ TES ARTICLES ? QUELLE HONTE, JAMAIS UN LAGAGNE NE FERAIT ÇA ! TU ES PRIVÉ DE TÉLÉ PENDANT UNE SEMAINE !

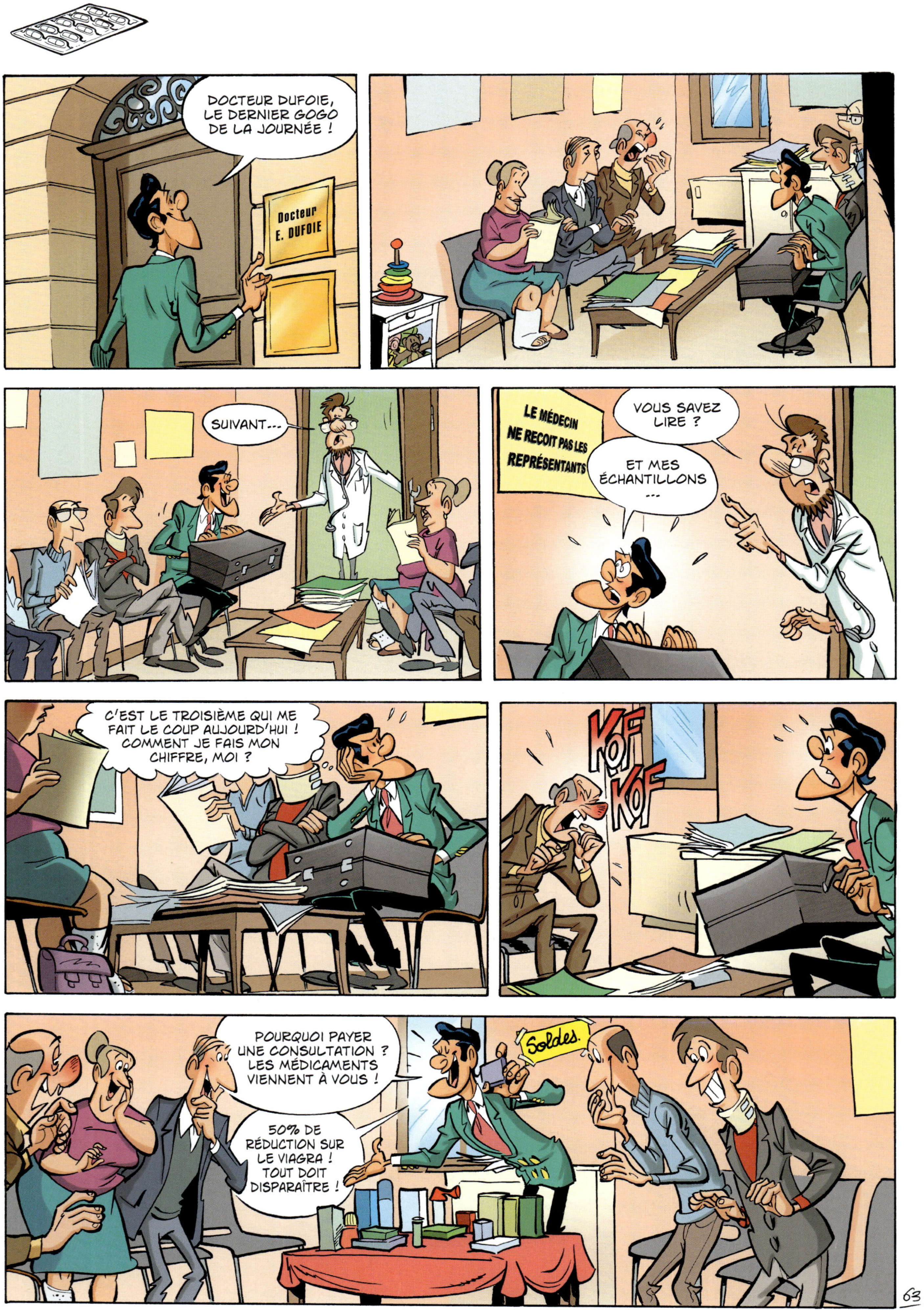
DOCTEUR DUFOIE, LE DERNIER GOGO DE LA JOURNÉE !
Docteur E. DUFOIE
SUIVANT...
LE MÉDECIN NE RECOIT PAS LES REPRÉSENTANTS
ET MES ÉCHANTILLONS ...
VOUS SAVEZ LIRE ?
C'EST LE TROISIÈME QUI ME FAIT LE COUP AUJOURD'HUI ! COMMENT JE FAIS MON CHIFFRE, MOI ?
KOF KOF
POURQUOI PAYER UNE CONSULTATION ? LES MÉDICAMENTS VIENNENT À VOUS !
50% DE RÉDUCTION SUR LE VIAGRA ! TOUT DOIT DISPARAÎTRE !
Soldes
63

TRILILI TRILILI
MONSIEUR KODBAR, JE SUIS HEUREUX DE POUVOIR ENFIN VOUS RENCONTRER !
MOI DE MÊME. ALORS, QU'AVEZ-VOUS À ME PROPOSER, MONSIEUR KINENVEU ?
J'AI PENSÉ QUE VOUS SERIEZ INTÉRESSÉ PAR NOTRE SUPER...
TRILILILI TRILILILI
BENOÎT ? C'EST BONSERGENT ! ALORS, T'AS FERRÉ LE GROS POISSON ?
EUH... PAS ENCORE, CHEF.
JE DISAIS DONC QUE NOTRE...
TRILILILI TRILILILI
BON, JE VAIS L'ÉTEINDRE. OÙ EN ÉTAIS-JE ?
DRING
C'EST POUR VOUS !
ET N'OUBLIE PAS DE LUI REFOURGUER L'EXTENSION DE GARANTIE ! NE ME DÉÇOIS PAS !
EUH, OUI. JE N'Y MANQUERAI PAS !
IL FAUT QUE JE FILE, J'AI UN RENDEZ-VOUS. DOMMAGE ON AURAIT PU FAIRE AFFAIRE...
MAIS...
SI ON AVAIT PU SE PARLER !
MAIS COMMENT T'AS PU RATER UNE OCCASE PAREILLE ? T'AVAIS KODBAR À TA BOTTE ! NON MAIS QUELLE BRÊLE !
MAIS CHEF !

CHERS AMIS, J'AI REMARQUÉ DEPUIS QUELQUE TEMPS UN CERTAIN LAISSER-ALLER AU SEIN DE LA GLOBAREP...
J'AI DONC DÉCIDÉ D'ORGANISER UN WEEK-END DE COHÉSION EN ARDÈCHE : RANDONNÉE, COURSE EN CANOË, SAUT À L'ÉLASTIQUE ! ÇA VOUS SOUDE UNE ÉQUIPE, ÇA !
CHAUFFEUR SI T'ES CHAMPION !!! APPUIE SUR L'CHAMPIGNON !!!
ALLEZ !!! QUI M'AIME ME SUIVE !!!
YAAAAAHH !!
C'EST N'IMPORTE QUOI !
HÉ ! ATTENDEZ-MOI !
JE TIENS À LA VIE, MOI !
MOI AUSSI !
J'AI LE VERTIGE.
C'EST OVER-DANGEREUX !
HÉHO !!! Y'A QUELQU'UN ? REMONTEZ-MOI, S'IL VOUS PLAÎT.
IL AVAIT RAISON GRANGIER. C'EST BON POUR LA COHÉSION, CES WEEK-ENDS.
OUAIS, CARRÉMENT SYMPA !
SUPER COOL !
IL EST BON CE PETIT PINARD.

CHERS COLLABORATEURS, J'AI DÉCIDÉ DE VOUS OFFRIR UN PETIT PRÉSENT POUR PARTIR DU BON PIED...
CET ORGANIZER VA DEVENIR VOTRE COLLÈGUE PRÉFÉRÉ. IL SIMPLIFIERA VOS PRISES DE RENDEZ-VOUS...
EN PLUS, VOUS POURREZ SAISIR DIRECTEMENT VOS COMMANDES ET CONSULTER LES STOCKS.
VOILÀ, FAITES-EN BON USAGE ET PASSEZ UNE BONNE JOURNÉE !
C'EST BIZARRE QU'IL NOUS OFFRE DES TRUCS, CELUI-LÀ !
BAH ALLEZ QUOI... AVEC ÇA ON ENTRE DIRECT DANS LE 3e MILLÉNAIRE !
OÙ ÇA ?
EXCELLENTE IDÉE D'AVOIR INSTALLÉ DES MOUCHARDS DANS LES ORGANIZERS !
ALERTE ! LAGAGNE VIENT D'ENTRER DANS UN BISTROT !
65

FÊTE DE LA VENDANGE
GLOBAREP
DÉGUSTATION DE VIN
MONDIACOM
FÊTE DE LA VENDANGE
ALORS, ÇA MARCHE LES AFFAIRES ?
GLOBAREP
MONDIACOM
DÉGUSTATION DE VIN

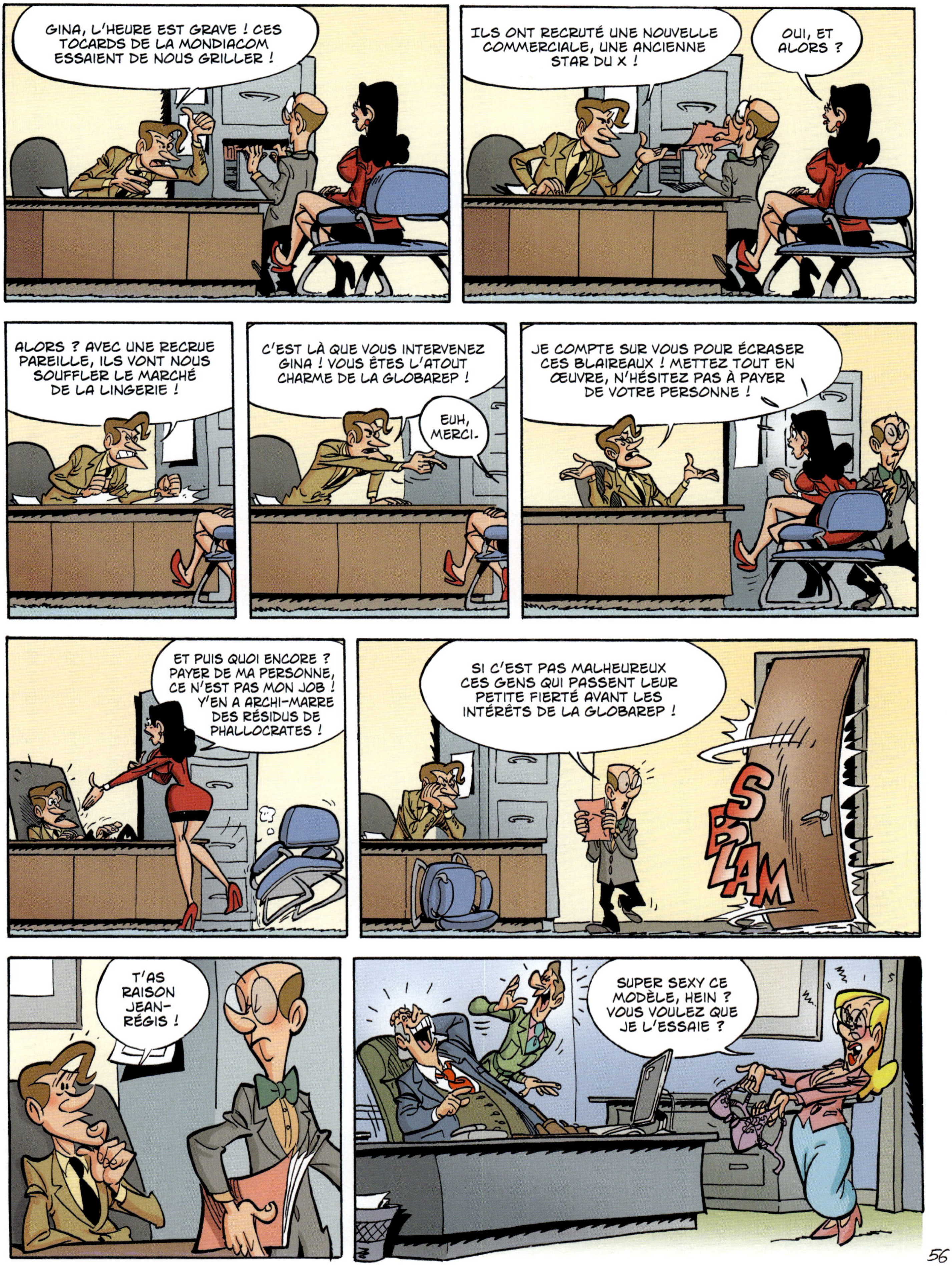
GINA, L'HEURE EST GRAVE ! CES TOCARDS DE LA MONDIACOM ESSAIENT DE NOUS GRILLER !
ILS ONT RECRUTÉ UNE NOUVELLE COMMERCIALE, UNE ANCIENNE STAR DU X !
OUI, ET ALORS ?
ALORS ? AVEC UNE RECRUE PAREILLE, ILS VONT NOUS SOUFFLER LE MARCHÉ DE LA LINGERIE !
C'EST LÀ QUE VOUS INTERVENEZ GINA ! VOUS ÊTES L'ATOUT CHARME DE LA GLOBAREP !
EUH, MERCI.
JE COMPTE SUR VOUS POUR ÉCRASER CES BLAIREAUX ! METTEZ TOUT EN ŒUVRE, N'HÉSITEZ PAS À PAYER DE VOTRE PERSONNE !
ET PUIS QUOI ENCORE ? PAYER DE MA PERSONNE, CE N'EST PAS MON JOB ! Y'EN A ARCHI-MARRE DES RÉSIDUS DE PHALLOCRATES !
SI C'EST PAS MALHEUREUX CES GENS QUI PASSENT LEUR PETITE FIERTÉ AVANT LES INTÉRÊTS DE LA GLOBAREP !
SBLAM
T'AS RAISON JEAN-RÉGIS !
SUPER SEXY CE MODÈLE, HEIN ? VOUS VOULEZ QUE JE L'ESSAIE ?
56

FRANCHEMENT, C'EST BRILLANT VOTRE IDÉE D'INSTALLER UNE CAMÉRA DE SURVEILLANCE EN SALLE DE DÉTENTE. FINI LES PAUSES-CAFÉ INTERMINABLES !
JE CROIS QUE ÇA VA STIMULER UN PEU LES TROUPES ! LES RÉSULTATS NE SONT PAS BRILLANTS EN CE MOMENT !
J'AI L'IMPRESSION QUE MÊME LAGAGNE SE LAISSE ALLER CES DERNIERS TEMPS !
AH ! M'SIEUR GRANGIER ! BRAVO POUR LES CAMÉRAS, ÇA ME FILE UNE DE CES PATATES, MOI !
ALLEZ HOP, AU BOULOT ! JE SUIS EN TRAIN DE PERDRE DU FRIC, LÀ !
LE GRAND BÊTISIER DE LA SALLE DE PAUSE ! AVEC AGIO QUI SE CURE LE NEZ, BERTHIER QUI SE BRÛLE AVEC UN CAFÉ, GINA QUI REMONTE SES BAS... MISE À PRIX 20 EUROS !

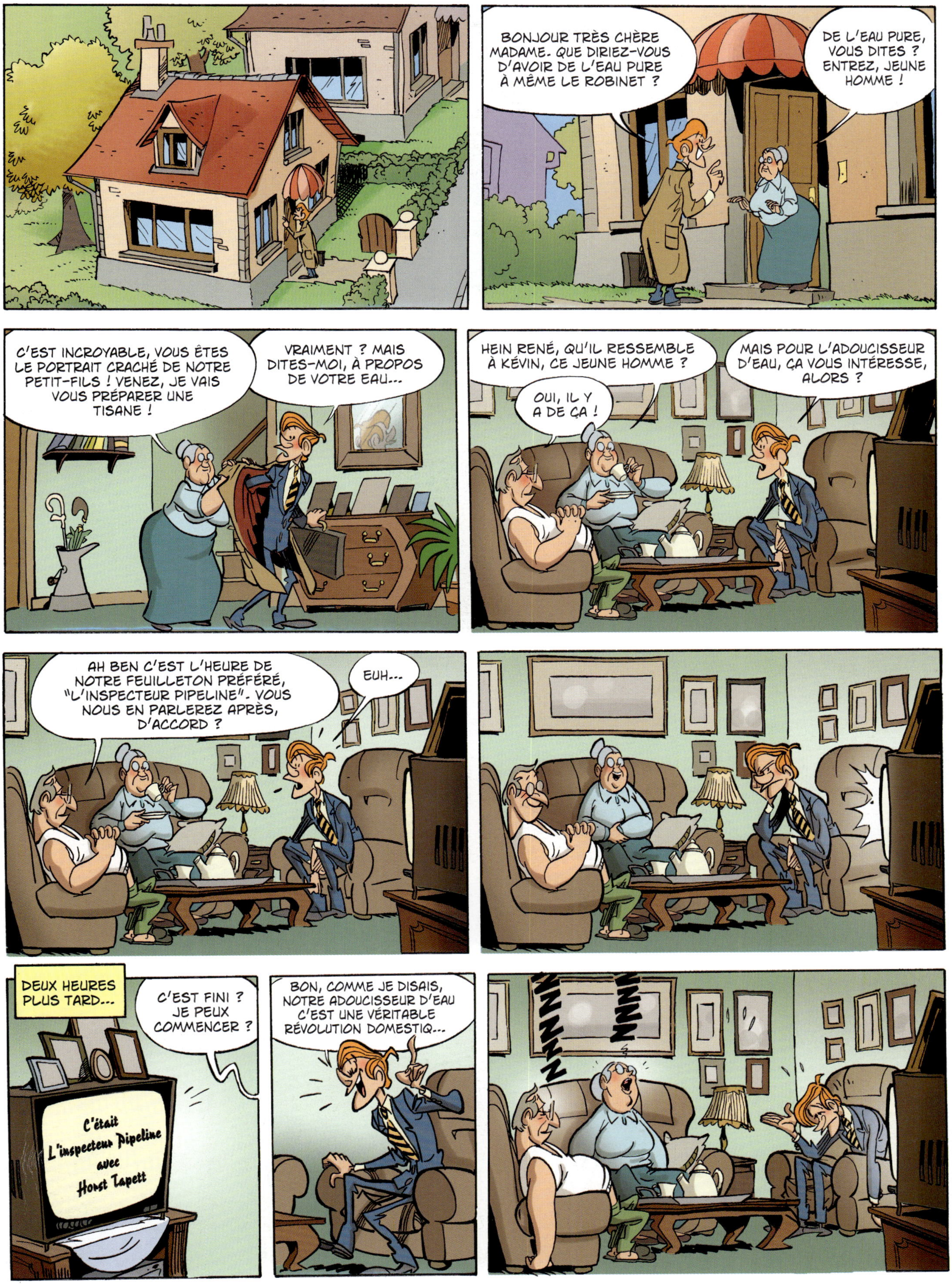
BONJOUR TRÈS CHÈRE MADAME. QUE DIRIEZ-VOUS D'AVOIR DE L'EAU PURE À MÊME LE ROBINET ?
DE L'EAU PURE, VOUS DITES ? ENTREZ, JEUNE HOMME !
C'EST INCROYABLE, VOUS ÊTES LE PORTRAIT CRACHÉ DE NOTRE PETIT-FILS ! VENEZ, JE VAIS VOUS PRÉPARER UNE TISANE !
VRAIMENT ? MAIS DITES-MOI, À PROPOS DE VOTRE EAU...
HEIN RENÉ, QU'IL RESSEMBLE À KÉVIN, CE JEUNE HOMME ?
OUI, IL Y A DE ÇA !
MAIS POUR L'ADOUCISSEUR D'EAU, ÇA VOUS INTÉRESSE, ALORS ?
AH BEN C'EST L'HEURE DE NOTRE FEUILLETON PRÉFÉRÉ, "L'INSPECTEUR PIPELINE". VOUS NOUS EN PARLEREZ APRÈS, D'ACCORD ?
EUH...
DEUX HEURES PLUS TARD...
C'était L'inspecteur Pipeline avec Horst Tapett
C'EST FINI ? JE PEUX COMMENCER ?
BON, COMME JE DISAIS, NOTRE ADOUCISSEUR D'EAU C'EST UNE VÉRITABLE RÉVOLUTION DOMESTIQ...
ZZZZ
ZZZZ

OH LA LA, QUELLE FINALE ! LES BLEUS SONT DÉCHAÎNÉS !
PURÉE ! JE SUIS EN TRAIN DE RATER LE MATCH DU SIÈCLE !
POURVU QU'ILS REGARDENT LE MATCH !
CHÈRE MADAME, JE VAIS VOUS PRÉSENTER UN OBJET QUI VA VOUS CHANGER LA VIE !
AH ! VOTRE MARI REGARDE LE MATCH !
BON, QU'EST-CE QUI ME RESTE LÀ-DEDANS ? UN VIEUX SANDWICH ? C'EST PAS GAGNÉ !
CE SANDWICH A ÉTÉ CROQUÉ PAR JOHNNY HOLYDAY... ADMIREZ L'EMPREINTE DE SES DENTS. UNE PIÈCE DE COLLECTION À PRIX BRADÉ !
EXCELLENT ! JE LE PRENDS !
HEIN ?
SI VITE ?
ÇA CHAUFFE DANS LA SURFACE !
AU REVOIR, MONSIEUR !
BUT POUR LES ITALIENS, LE MATCH EST RELANCÉ !

C'EST PAS VRAI ! LES RITALS ONT MARQUÉ, ON DIRAIT !
FAUT QUE JE VOIE ÇA DE PLUS PRÈS !
DRRINGG
ENCORE VOUS ?
OUI, J'AI ENCORE PLEIN DE TRUCS GÉNIAUX À VOUS MONTRER !
DES OFFRES SI SPECTACULAIRES QU'ELLES REDONNERAIENT LA VUE À UN AVEUGLE !
...
QUEL MATCH !
À DES PRIX ENCORE PLUS RÉDUITS QUE LES TÊTES D'INDIENS JIVAROS !
OH LA LA !
EUH...
CONCRÈTEMENT, QU'EST-CE QUE VOUS VOULEZ ME VENDRE ?
PENALTY POUR LA FRANCE !
VITE, UN TRUC À REFOURGUER ...
VA-T-IL LE MARQUER ?
MERCI DE VOTRE ACCUEIL ! ET MERCI POUR LE MATCH !

LA DRAGUE POUR LES NULS !
LES MECS, JE VIENS DE VOIR UN SUPER CANON SUR LE STAND LÀ-BAS. UNE VRAIE BEAUTÉ !
BON, JE CROIS QUE JE VAIS ALLER ME DÉGOURDIR LES JAMBES.
HÉ ! ATTENDS-NOUS !
BONJOUR !
SALUT !
C'EST QUOI VOTRE PETIT NOM ?
ON NE S'EST PAS DÉJÀ CROISÉS QUELQUE PART ?
VOUS SAVEZ QUE J'AI ÉTÉ MAJOR DE MA PROMO ?
J'AI PULVÉRISÉ MON RECORD DE VENTES !
MOI, J'AI UN SUPER POSTE À RESPONSABILITÉS !
TCHATCHE TCHATCHE TCHATCHE DRAGUE FRIME DRAGUE FRIME
OH, VOUS ÊTES TROP TOP, LES GARS !
QUELQUES HEURES PLUS TARD...
VOUS ÊTES UNE VRAIE SPLENDEUR !
ON N'A PAS VU PLUS JOLIE SUR LES AUTRES STANDS !
ÇA VOUS DIRAIT D'ALLER ESSAYER MON BOLIDE ?
IL FAUDRAIT ME LÂCHER MAINTENANT ! J'AI DU BOULOT, MOI !
TANIA, TU ES GÉNIALE ! PENDANT QUE MES CRÉTINS DE COLLÈGUES TE DRAGUAIENT, JE ME SUIS FAIT UNE MÉGA COMMISSION !
À CHARGE DE REVANCHE, MA BELLE !

LE FRIC, C'EST CHIC !
FILE-MOI TON PORTEFEUILLE, MEC !
EXCELLENT CHOIX, CE MODÈLE EST NOTRE MEILLEURE VENTE !
HEIN ?
100% CUIR VACHETTE ! ADMIREZ LA FINESSE DES COUTURES ENTIÈREMENT FAITES MAIN !
TRÈS PRATIQUE AVEC SON PORTE-CARTES DE CRÉDIT ET SON PORTE-MONNAIE ZIPPÉ !
ATTENTION, CE MODÈLE EST LIVRÉ VIDE !
FAUT PAS RÊVER NON PLUS !
COMME T'AS L'AIR SYMPA, JE TE FAIS UN PRIX !
ALLEZ, À LA PROCHAINE, MEC !

300 DIRHAMS !
200 !
MOI, JE PRÉFÈRE ME FAIRE BRONZER AU BORD DE LA PISCINE !
MAIS BIBICHE, UNE EXCURSION EN CHAMEAU, C'EST QUAND MÊME PLUS TYPIQUE !
RECE
ALLEZ QUOI, UN PETIT GESTE. 700 SI ON VOUS EN PREND DEUX !
400 DIRHAMS
ON VA SE COUCHER !
BAH, ENCORE UN PETIT VERRE... UN DEMI-VERRE... UNE GORGÉE.
CELA VOUS FERA 40 DIRHAMS, MONSIEUR.
OK, MAIS VOUS ME RAJOUTEZ UNE BOULE VANILLE, POUR CE PRIX-LÀ !
ALORS, CES VACANCES AU MAROC ?
BOF... PAS TRÈS DÉPAYSANTES !

HEP JEUNE HOMME !
?
VISEZ-MOI CES BASKETS... ELLES TUENT, NON ?
BOF !
C'EST LE TOP DU TOP ! MOI-MÊME, JE NE PEUX PLUS M'EN PASSER !
MOUAIS...
REGARDEZ LE SUPER LOGO FLUO... MÊME DANS LE NOIR, ON VOUS REMARQUERA AVEC !
ARCHI-TENDANCE
FINALEMENT, ELLES SONT COOL ! JE POURRAIS LES ESSAYER ?
MAIS BIEN SÛR !
GÉNIAL ! SI LE GAMIN LES PREND, TOUS SES COPAINS EN VOUDRONT UNE PAIRE, HÉHÉ !
OUAIS, C'EST VRAI QU'ELLES SONT TOP !
OH BEN !
BON, JE LES PRENDS ! MERCI BOUFFON !

AH, MA COMMERCIALE PRÉFÉRÉE ! COMMENT ALLEZ-VOUS, MA CHÈRE ?
GINA, VOUS ÊTES UNE FEMME ÉPATANTE !
ÉPATANTE COMME NOTRE EXTENSION DE GARANTIE !
JE VOUS EN AI DÉJÀ PARLÉ ?
METTEZ LE CHÈQUE À L'ORDRE DE LA GLOBAREP !
ET SURTOUT N'OUBLIEZ PAS LES 6 ZÉROS AVANT LA VIRGULE !
DES FLEURS POUR UNE FLEUR... AUJOURD'HUI, C'EST LA SAINTE GINA !
VOUS Y AVEZ PENSÉ, MONSIEUR NAWA ? ET AUX CONTRATS AUSSI ?
UN PEU DE CALME MESSIEURS, IL Y EN AURA POUR TOUT LE MONDE !
GINA, VOULEZ-VOUS M'ÉPOUSER ?
ALORS, QUAND EST-CE QUE TU VAS TE DÉCIDER À NOUS RAMENER UN MARI ? ET FAIRE DES ENFANTS, COMME TA SŒUR ?
T'ES FOLLE, MAMAN ? TU VEUX RUINER MON FONDS DE COMMERCE ?!

OH NON, C'EST PAS VRAI !
VOS PAPIERS SIOUPLÉ... VOUS SAVEZ QUE VOUS ROULIEZ À 120 KM/H AU LIEU DE 90 ?
TENEZ, SOUFFLEZ LÀ-DEDANS !
ALCOOTEST POSITIF, EXCÈS DE VITESSE... VOUS POUVEZ DIRE ADIEU À VOTRE PERMIS !
QUOI ?!
VOUS POUVEZ PAS ME FAIRE ÇA ! VOUS AVEZ DÉJÀ VU UN COMMERCIAL SANS PERMIS ?
TIENS, VOUS BOSSEZ POUR LA GLOBAREP ?
C'EST PAS VOUS QUI VENDEZ CES DÉTECTEURS DE RADARS ILLÉGAUX ?
HEIN ? MAIS NON, C'EST DE L'ARNAQUE CES DÉTECTEURS ! LA PREUVE, JE NE ME SERAIS JAMAIS FAIT PRENDRE AUJOURD'HUI, SINON...
RAISON DE PLUS POUR VOUS ALIGNER !
EUH... ATTENDEZ, ON PEUT S'ARRANGER !
C'EST LA LISTE COMPLÈTE DES ACHETEURS DU DÉTECTEUR DE RADARS !
ON EST QUITTES, VOUS POUVEZ PARTIR !
81

JE SAVAIS QUE C'ÉTAIT LOUCHE QUAND IL NOUS A PARLÉ D'INVESTIR LE MARCHÉ CHINOIS !
MARCHÉ HEBDOMADAIRE LE JEUDI MATIN
MARCHÉ HEBDOMADAIRE LE JEUDI MATIN 5H – 13H

C'EST TRÈS BIZARRE, D'HABITUDE FRANCKY EST TOUJOURS À L'HEURE...
ÉCOUTEZ MONSIEUR KINENVEU, ON VA COMMENCER SANS LUI !
BON, OK... JE VAIS ESSAYER DE VOUS PRÉSENTER NOTRE CATALOGUE, ALORS...
ON A ÇA QU'EST BIEN, DES PNEUS INCREVABLES !
DES PNEUS INCREVABLES ?
CE SONT DES PNEUS À STRUCTURE RENFORCÉE...
ÇA VIENT DES STATES... IL PARAÎT QU'ILS ONT TOUS ÇA, AU FBI ! COMME NOUS, À LA GLOBAREP !
IMAGINEZ ! AVEC CES PNEUS, VOS VOITURES UTILITAIRES SERONT PLUS SOUVENT SUR LES ROUTES QU'AU GARAGE !
INTÉRESSANT !
ÇA VEUT DIRE PLUS AUCUN RETARD DE LIVRAISON, 100% DE SATISFACTION CLIENTÈLE ET J'EN PASSE !
C'EST PAS SI BÊTE, VOTRE TRUC... J'AI BIEN ENVIE D'EN ÉQUIPER TOUS MES LIVREURS !
BON, JE SIGNE OÙ ALORS ?
JUSTE ICI !
TOC TOC
EXCUSEZ POUR LE RETARD, MES PNEUS INCREVABLES ONT ÉCLATÉ. DE LA VRAIE CAMELOTE, CES TRUCS-LÀ ! FAUDRA QU'ON LES VIRE FISSA DU CATALOGUE !
ÇA VA, LE PETIT N'A PAS TROP DIT DE BÊTISES ?
85

TU VOIS BENOÎT, TOUS LES ANS ON SE RETROUVE ICI. C'EST PAS UN RESTO, C'EST UN REPÈRE POUR COMMERCIAUX !
SI T'ES UN PEU FINAUD, TU PEUX GLANER UN TAS D'INFOS SUPER UTILES AUPRÈS DES HABITUÉS !
TU VOIS LE MEC LÀ-BAS ? SI TU LE FAIS PICOLER, IL DEVIENT TRÈS BAVARD ET IL TE FILE DES TUYAUX SUR TOUS SES CLIENTS !
ELLE, C'EST UN REMÈDE AU GRAND LIT TOUT FROID DU SOIR, SI TU VOIS CE QUE JE VEUX DIRE !
OUAIS !
Y'A MÊME CE TOCARD DE LA MONDIACOM, C'EST DIRE SI C'EST UN COIN INCONTOURNABLE !
HÉ HÉ ! REGARDE, Y'A ENCORE LA PIZZA SPÉCIALE LAGAGNE AU MENU !
ÇA A L'AIR SPÉCIAL !
AH ! J'ADORE CET ENDROIT, RIEN N'A CHANGÉ !
PAF
AH BEN SI FINALEMENT... ILS ONT CHANGÉ LA SERVEUSE !
83

MESDAMES ET MESSIEURS, DANS QUELQUES INSTANTS L'AVION VA DÉCOLLER, VEUILLEZ ATTACHER VOS CEINTURES.
ÇA N'A PAS L'AIR D'ALLER MONSIEUR ?
VOUS ÊTES TOUT PÂLE !
JE NE SUIS JAMAIS À L'AISE QUAND CE N'EST PAS MOI QUI CONDUIS. ET PUIS JE PRÉFÈRE LA TERRE FERME !
C'EST VRAI, QUOI, ON NE SAIT PAS CE QUE LE PILOTE A MANGÉ... IL POURRAIT TOMBER MALADE !
ET LE CO-PILOTE, IL POURRAIT ÊTRE DÉPRESSIF ET VOULOIR SE SUICIDER !
NE SOYEZ PAS PARANO, VOYONS ! REGARDEZ MON FILS, IL EST TRÈS CALME, LUI !
IL SE CRAMPONNE À SON DOUDOU POUR SE RASSURER !
AH OUI ?
UN CALMANT, MONSIEUR ?
VOLONTIERS ! JE PEUX VOUS APPELER DOUDOU ?

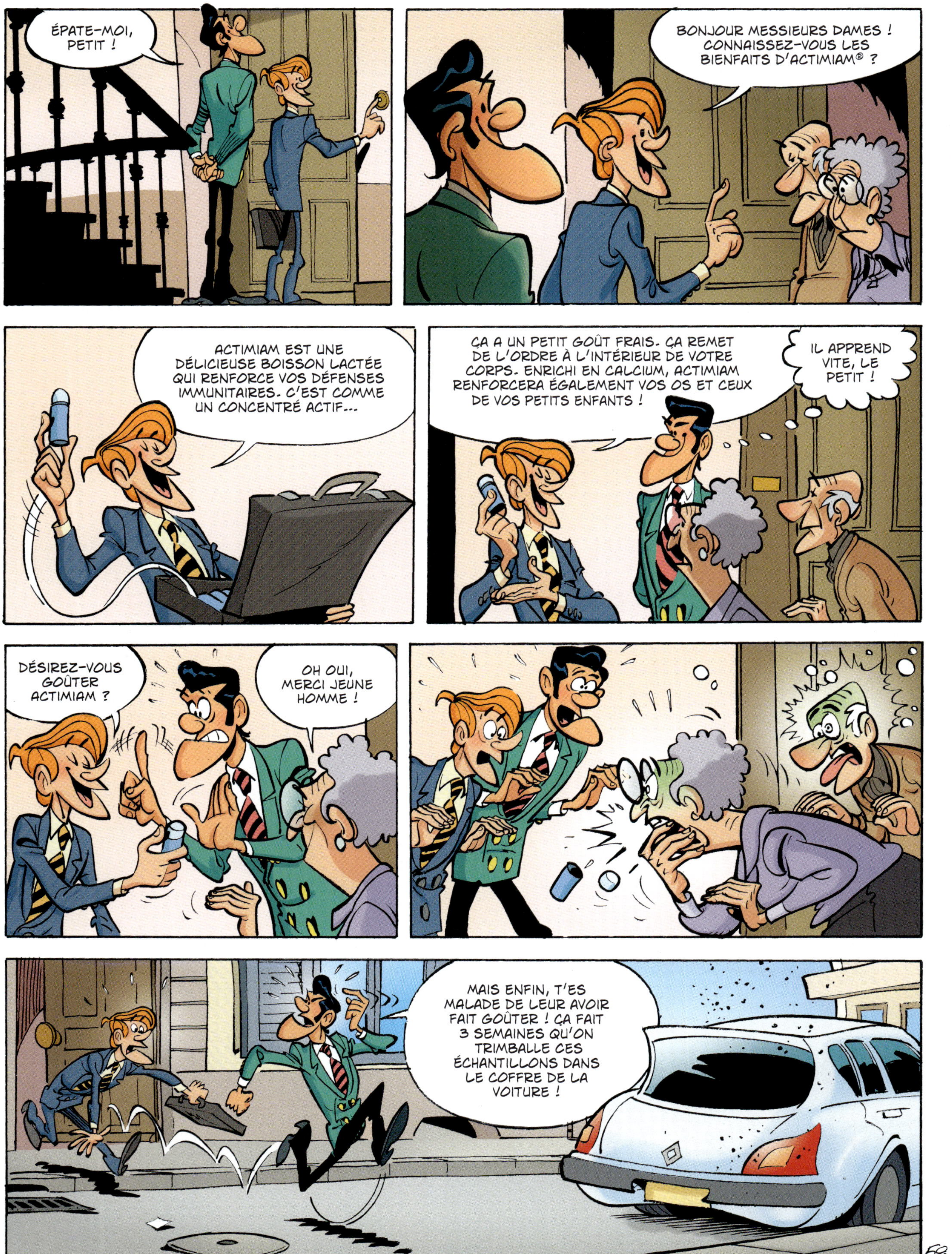
ÉPATE-MOI, PETIT !
BONJOUR MESSIEURS DAMES ! CONNAISSEZ-VOUS LES BIENFAITS D'ACTIMIAM® ?
ACTIMIAM EST UNE DÉLICIEUSE BOISSON LACTÉE QUI RENFORCE VOS DÉFENSES IMMUNITAIRES. C'EST COMME UN CONCENTRÉ ACTIF...
ÇA A UN PETIT GOÛT FRAIS. ÇA REMET DE L'ORDRE À L'INTÉRIEUR DE VOTRE CORPS. ENRICHI EN CALCIUM, ACTIMIAM RENFORCERA ÉGALEMENT VOS OS ET CEUX DE VOS PETITS ENFANTS !
IL APPREND VITE, LE PETIT !
DÉSIREZ-VOUS GOÛTER ACTIMIAM ?
OH OUI, MERCI JEUNE HOMME !
MAIS ENFIN, T'ES MALADE DE LEUR AVOIR FAIT GOÛTER ! ÇA FAIT 3 SEMAINES QU'ON TRIMBALLE CES ÉCHANTILLONS DANS LE COFFRE DE LA VOITURE !
58

MENU
IL NE RESTE PLUS QU'À SIGNER CE CONTRAT POUR SCELLER NOTRE ACCORD.
VOUS SAVEZ BIEN QUE JE NE PEUX RIEN VOUS REFUSER MA CHÈRE GINA !
IL SE FAIT TARD, DITES DONC ! ÇA VOUS DIT D'ALLER MANGER UN MORCEAU ENSEMBLE ?
VOUS LISEZ DANS MES PENSÉES !
VOUS VERREZ, ON Y MANGE VRAIMENT BIEN. IL EST COTÉ DANS LE GUIDE MICHEMIN !
AVEC TOUT CE QUE JE VOUS SIGNE, JE DOIS ÊTRE VOTRE MEILLEUR CLIENT, NON ?
LE MEILLEUR, JE NE SAIS PAS, MAIS VOUS ÊTES BIEN PARTI.
LAISSEZ ! L'ADDITION EST POUR MOI.
PUIS-JE VOUS RACCOMPAGNER CHEZ VOUS ?
AVEC PLAISIR !
JE PRENDRAIS BIEN UN DERNIER VERRE, MOI... TOUS LES DEUX ON POURRAIT FAIRE MIEUX CONNAISSANCE ...
SI TU VOIS CE QUE JE VEUX DIRE !
AH NON, DÉSOLÉE ! JE NE RAMÈNE JAMAIS DE BOULOT À LA MAISON !
BONNE NUIT !

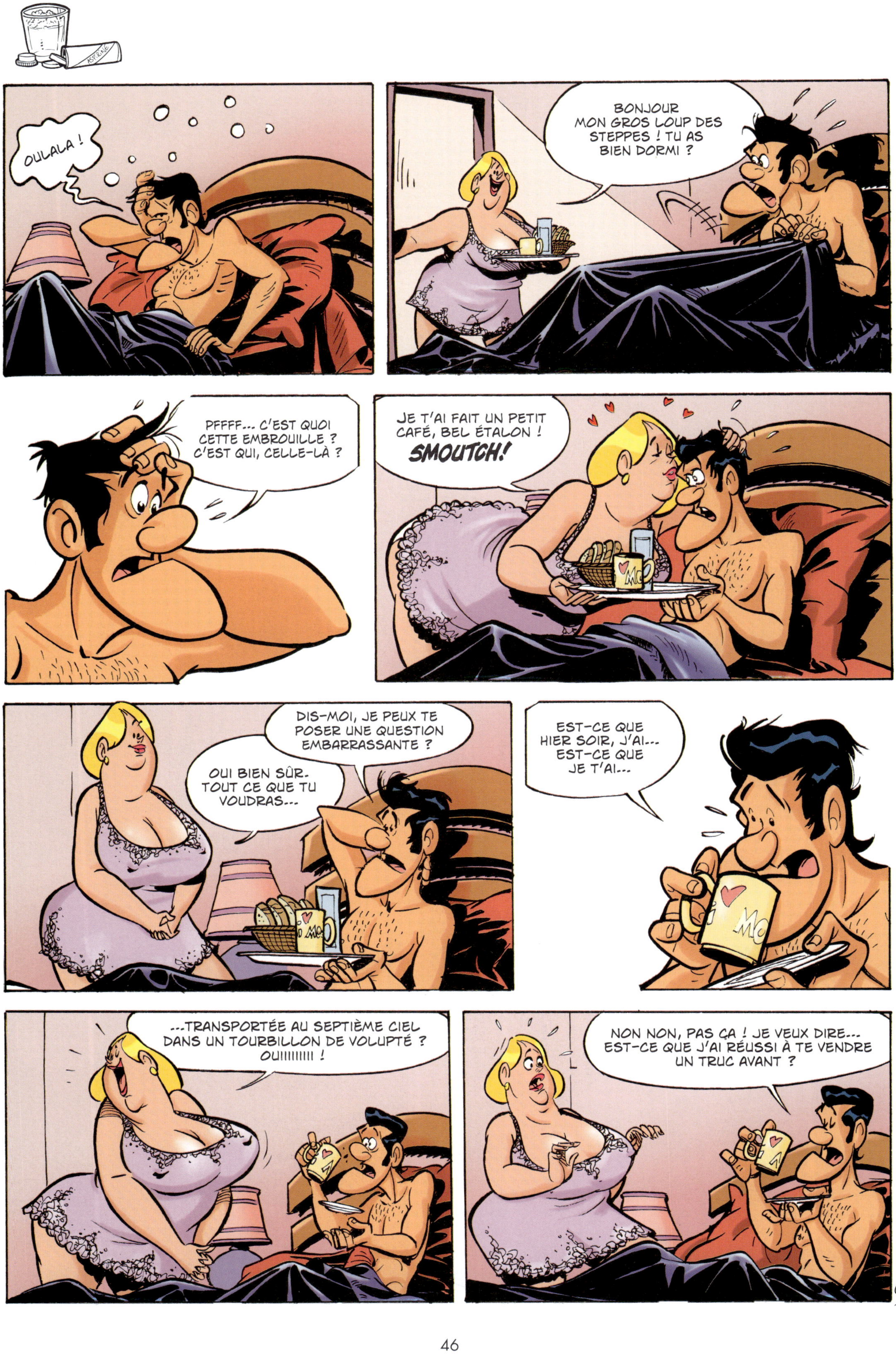
OULALA !
BONJOUR MON GROS LOUP DES STEPPES ! TU AS BIEN DORMI ?
PFFFF... C'EST QUOI CETTE EMBROUILLE ? C'EST QUI, CELLE-LÀ ?
JE T'AI FAIT UN PETIT CAFÉ, BEL ÉTALON !
SMOUTCH!
DIS-MOI, JE PEUX TE POSER UNE QUESTION EMBARRASSANTE ?
OUI BIEN SÛR. TOUT CE QUE TU VOUDRAS...
EST-CE QUE HIER SOIR, J'AI... EST-CE QUE JE T'AI...
...TRANSPORTÉE AU SEPTIÈME CIEL DANS UN TOURBILLON DE VOLUPTÉ ? OUIIIIIIIII !
NON NON, PAS ÇA ! JE VEUX DIRE... EST-CE QUE J'AI RÉUSSI À TE VENDRE UN TRUC AVANT ?
64

À découvrir aux éditions BAMBOO

LES PROFS - 7 tomes

1 - INTERRO SURPRISE
2 - LOTO ET COLLES
3 - TOHU-BAHUT
4 - RENTRÉE DES ARTISTES
5 - CHUTE DES COURS
6 - CLASSE TOURISTE
7 - MISE EN EXAMEN

Pica & Erroc

LES GENDARMES - 7 tomes

1 - FLAGRANT DÉLIRE !
2 - PROCÈS VERT PÂLE !
3 - RADAR-DARE
4 - AMENDE HONORABLE !
5 - SOURIEZ, VOUS ÊTES FLASHÉS
6 - UN P.V. DANS LA MARE !
7 - COFFRÉ SURPRISE !

Jenfèvre, Sulpice & Cazenove

LES POMPIERS - 3 tomes

Tome 1 :
DES GARS DES EAUX
Tome 2 :
HOMMES AU FOYER
Tome 3 :
LE FEU DE L'AMOUR

Stédo
Cazenove

LES FONCTIONNAIRES - 5 tomes

1 - MÉTRO, DODO, DODO...
2 - RÉDUCTION DU TEMPS DE TRAVAIL
3 - TRAVAIL À LA CHAÎNE...
4 - GRÈVE SANS PRÉAVIS
5 - CORRUPTION DE FONCTIONNAIRES

Bloz & Béka

LES TOUBIBS - 3 tomes

Tome 1 :
C'EST GRAVE, DOCTEUR ?
Tome 2 :
AU SUIVANT !
Tome 3 :
BONS RÉFLEXES

Bélom
Gégé
Sirvent

LES MUSICOS - 2 tomes

Tome 1
Tome 2

Janvier
Jenfèvre
Erroc

LES COMMERCIAUX- 2 tomes

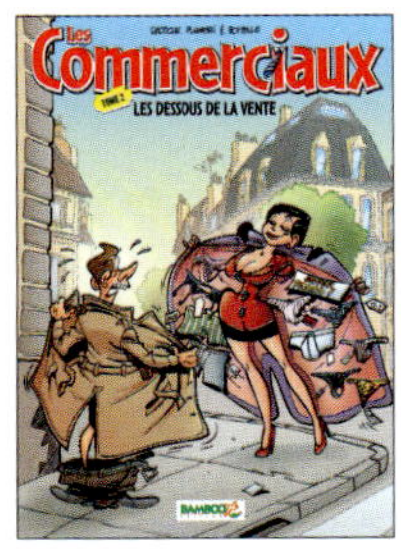

Tome 1 :
FARCE DE VENTE
Tome 2 :
LES DESSOUS DE LA VENTE

Radôche
Plumeri
Boitelle

L'AUTOÉCOLE - 2 tomes

Tome 1 :
PERMIS D'ÉCONDUIRE
Tome 2 :
CONDUITE ACCOMPAGNÉE

Cazenove
Amouriq

LES RUGBYMEN

Tome 1 :
ON VA LEUR METTRE LES POINGS SUR LES YEUX

Béka
Poupard

BASKET DUNK

Tome 1

Cazenove
Plumeri
Mauricet

LES FOOT MANIACS - 3 tomes

Tome 1
Tome 2
Tome 3

Jenfèvre
Sulpice
Jack
Béka

LES BABYFOOTS

BABYFOOTS

Bouchard
Pica

ON THE ROCK

HISTOIRES DE VTT

Jenfèvre
Sulpice

RAOUL ET FERNAND - 2 tomes

Tome 1 :
LA FUREUR DE VIVRE !
Tome 2 :
LE FRIGO DE L'ANGOISSE

Erroc

LES DAMNÉS DE LA ROUTE - 5 tomes

1 - ON ACHÈVE BIEN LES 2 CV
2 - L'HOMME QUI MURMURAIT À L'OREILLE DES 2 CV
3 - LES 2 CV SE CACHENT POUR MOURIR
4 - VOL AU DESSUS D'UN NID DE 2 CV
5 - SEA, SEX AND DEUCHE !

Achdé
Rodrigue
Richez

LES RIPOUPONS - 3 tomes

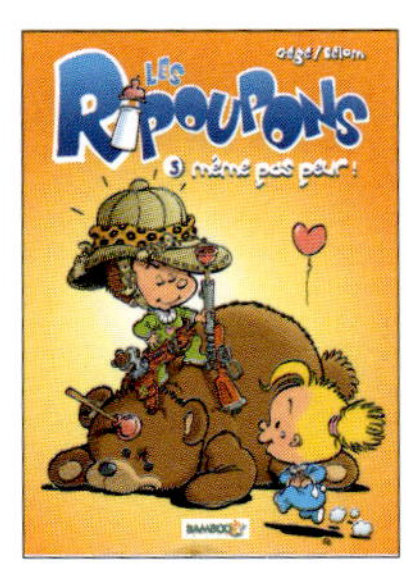

Tome 1 :
TOUCHE PAS À MON DOUDOU
Tome 2 :
ON REMET UNE COUCHE !
Tome 3 :
MÊME PAS PEUR !

Gégé & Bélom

LOLA BOGOTA

Tome 1 :
NOTRE DAME DE COLOMBIE

Brémaud
Chanoinat
Reynès

ZONE 51

Tome 1 :
ROSWELL ATTITUDE

Cazenove
Wozniak

LES BRUMES DU MIROBOLAND

Tome 1 :
L'ELIXIR DE SILYCONN
Tome 2 :
LE SECRET DE FÈNWIK

Escaich
Mermin

HERCULE - 2 tomes

Tome 1 :
BAZAR DE GRUMLOT !
Tome 2 :
RAS L'KEPI !

Yannick